beck'sche reihe

denker

bsr

Kurt Flasch führt in diesem Buch in knapper Form in das Leben und Werk des vielleicht bedeutendsten Philosophen des 15. Jahrhunderts ein. Er folgt seinen Denk-Experimenten und arbeitet die Theorien und ihren argumentativen Ort heraus, die Cusanus (1401–1464) selbst wichtig waren. Der Leser wird zum Mitdenken angeregt und lernt Cusanus aus seinen Werken kennen.

Kurt Flasch ist emeritierter Professor für Philosophie an der Ruhr-Universität Bochum. Er ist Verfasser zahlreicher Werke zur Geschichte des philosophischen Denkens.

Die Reihe „Denker“ wird herausgegeben von *Otfried Höffe.*

Kurt Flasch

Nicolaus Cusanus

Verlag C.H.Beck

Mit 4 Abbildungen

1. Auflage. 2001

Originalausgabe

2. Auflage. 2005

Gesamtherstellung: Druckerei C. H. Beck, Nördlingen
Umschlagabbildung: Nikolaus von Kues. Stifterbildnis. Ausschnitt aus dem Kreuzigungsbild in der Kapelle des St. Nikolaus-Hospitals in Bernkastel-Kues. Foto: AKG, Berlin
Umschlagentwurf: +malsy, Bremen
Printed in Germany
ISBN 3 406 45975 7

www.beck.de

Inhalt

Zweiter Teil: Koinzidenz und Konsequenzen

Vorwort

Dies ist mein drittes Buch über Nikolaus von Kues. Es ist das kürzeste und ambitionierteste. Es führt in knapper Form ein in das Denken des vielleicht bedeutendsten Philosophen des 15. Jahrhunderts und läßt sich doch ohne Hast ein auf seine Denkexperimente. Es arbeitet die Theorien und ihren argumentativen Ort heraus, die Cusanus selbst wichtig waren. Es reduziert sie weder auf eine Gemeinscholastik, die es so nie gegeben hat, noch versucht es, sie zu modernisieren.

Ob dies gelungen ist, mag der Leser beurteilen. Ich kann nur sagen: Es ist die Folge einer fünfzigjährigen Beschäftigung mit Cusanus, und es ist keine Kurzfassung meiner früheren beiden Cusanus-Bücher. Es ist neu und frisch geschrieben, im Frühjahr und Sommer 2000.

Gaeta, 14. Juni 2000 *Kurt Flasch*

Zitierweise und Abkürzungen

Die Werke des Nicolaus Cusanus zitiere ich nach Kapitel, Textabschnitt (n.) und Zeile der großen kritischen Ausgabe: Nicolai de Cusa, *Opera omnia*, iussu et auctoritate Academiae Litterarum Heidelbergensis ad codicum fidem edita, Leipzig – Hamburg 1932 ff. *De docta ignorantia* benutze ich in der lateinisch-deutschen Ausgabe, hrsg. von P. Wilpert, revidiert (1979 bzw. 1977) von H. G. Senger, R. Klibansky, Hamburg 1964 ff.; die Schrift *De visione dei* in der Ausgabe von Jasper Hopkins: Nicholas of Cusa's Dialectical Mysticism, Minneapolis ²1988. Auf Forschungsliteratur wird mit dem Namen des Autors und der Jahreszahl Bezug genommen.

Abkürzungen

Apol.	Apologia doctae ignorantiae
c.	capitulum: Kapitel
Comp.	Compendium
CT	Cusanus-Texte, hrsg. von der Heidelberger Akademie der Wissenschaften, Heidelberg 1929 ff.
De ber.	De beryllo
De coni.	De coniecturis
De doct. ign.	De docta ignorantia
De Poss.	De Possest
De ven. sap.	De venatione sapientiae
De vis.	De visione dei
h	Nicolai de Cusa, Opera omnia, iussu et auctoritate Academiae Litterarum Heidelbergensis ad codicum fidem edita, Leipzig – Hamburg 1932 ff.
l. c.	loco citato: am angeführten Ort
MF	Mitteilungen und Forschungsbeiträge der Cusanus-Gesellschaft, Mainz 1960 ff.
n.	numerus: Textabschnitt
ND	Nachdruck
P	Nicolai Cusae Opera, Band I–III, hrsg. von Iacobus Faber Stapulensis, Paris 1514; von mir besorgter Nachdruck: Frankfurt 1962

Einleitung
Ein wenig Biographie

1. Ziel dieses Buches

Dieses Buch führt ein in das Denken des Nikolaus von Kues (1401 bis 1464), den seine italienischen Freunde nach seinem Geburtsort Kues an der Mosel Cusanus nannten. Es gibt die notwendigen Informationen und arbeitet das Denken des Kardinals in seinem argumentativen Vollzug heraus. Es soll zum Mitdenken anregen.

Es versucht, die Gedanken des philosophischen Reformers rein darzustellen. Das Ziel ist nicht, Cusanus bestimmten Strömungen zuzuordnen oder sich in seine Welt „hineinzuversetzen". Das erstere ist ein äußerliches Tun, das mit geistesgeschichtlichen Etiketten wie „Nominalismus" oder „Platonismus" arbeitet und auf die gedachten Inhalte wenig eingeht; das zweite ist vollends unmöglich. Was bleibt, ist aufmerksame Deskription, nicht nur vereinzelter Theoreme, sondern auch ihrer gedanklichen Verknüpfung und ihres historischen Ortes.

2. Ein Denken in Entwicklung und eine Einführung durch Cusanus selbst

Das Denken des Nikolaus von Kues, sofern es uns in Dokumenten zugänglich wird, war in ständiger Bewegung. Wir überschauen es für 34 Jahre, von 1430 bis 1464.

Wie Leibniz war Cusanus Jurist, kein professioneller Philosoph oder Theologe. Aber wie bei Leibniz überstiegen seine Interessen alle Fachgrenzen. Er trieb Mathematik und Astronomie; er erdachte Anweisungen für eine verbesserte Naturforschung; er entwarf eine neue Kosmologie. Er bestritt, daß die Erde im genauen Mittelpunkt des Alls in Ruhe verharre; er wertete die Erde auf als einen „edlen Stern"; er weitete das Universum aus ins Unendliche.

Abb. 1: Geburtshaus des Nicolaus Cusanus in Bernkastel-Kues an der Mosel

Er entwickelte einen neuen Begriff vom Menschen als eines schöpferischen Ursprungs; dadurch konnte er die begriffliche wie die künstlerische Produktivität des Menschen neu bewerten. Insofern gehörte er nicht mehr dem mittelalterlichen Schularistotelismus an, sondern der neuen kulturellen Gesamtbewegung des Humanismus oder der „Wiedergeburt" (rinascita), die er früh in Padua kennengelernt hat. Er wollte eine Reform des gesamten Wissens. Dazu suchte er einen neuen, aus den Quellen begründeten Überblick über die gesamte Tradition, insbesondere der platonischen und der neuplatonischen Philosophie, von Platon über Proklos zu Dionysius Areopagita und den Platonikern des 12. Jahrhunderts. Man übertreibt kaum, wenn man urteilt: Nikolaus von Kues war wohl der bedeutendste Denker des 15. Jahrhunderts.

Cusanus war als Jurist, dann als Fürst und Kardinal in die großen politischen Händel seiner Zeit verwickelt. Er war kein Stubengelehrter; als ihm in Löwen eine Professur angeboten wurde, lehnte er sie ab. Er betrat die literarische Bühne, indem er eingriff in die große Streitfrage der dreißiger Jahre: Steht die Versammlung der Bischöfe, also das Konzil, über dem Papst oder geht alle kirchliche Gewalt vom Papste aus? Er verteidigte den Vorrang des Konzils und wurde mit seiner Schrift *De concordantia catholica* der Wortführer der sogenannten Konziliaristen. Er beschränkte sich nicht auf das Thema Kirche. Er handelte zugleich von einer Reform des Reiches, das er bedroht sah durch die zunehmende Souveränität der vielen Territorialfürsten. Er trat dann zur Papstpartei über; vermutlich, weil die Konzilspartei zu zerstritten war und die Papstpartei dabei war, ein kulturelles und politisches Übergewicht zu entwickeln. Es folgten dann seine beiden großen Bücher zur Wissensreform: *De docta ignorantia* (abgeschlossen 1440) und *De coniecturis* (1442/43). Das zweite dieser großen Bücher ist nicht einfach die Anwendung des ersten, sondern es stellt einen gedanklichen Neuansatz dar. Aber beide Bücher entwickeln einen neuen Begriff des Erkennens, der zur Reform der Theologie, der Philosophie und der Naturforschung führt. Beide führen eine neue Gesamtwissenschaft vor, die Cusanus in den Folgejahren gegen seine Gegner verteidigt und mit den herrschenden Universitätswissenschaften konfrontiert hat (besonders in der *Apologia* von 1449 und in *De mente* von 1450).

Cusanus stellt einen neuen Typus des Gelehrten dar. Er war kein einsamer Klosterschriftsteller; er war Diplomat und Fürst. Er war ständig unterwegs, im Reichsgebiet und in Italien. Er hat denkend und schreibend auf Außenereignisse reagiert, zum Beispiel auf den Fall von Konstantinopel (1453). Auf einer dieser Reisen – es ging wieder um den Türkenkrieg – ist er 1464 in Todi in Umbrien gestorben. Bis zuletzt arbeitete er an der Verbesserung seines Denkens: Er wollte nicht Traditionen wiederherstellen, sondern Neues und Unerwartetes sagen. Daher ist sein Philosophieren kein „Gebilde", sondern ein intellektueller Fluß. In ihm gibt es Beschleunigungen und stagnierende Phasen, die neue Akzeleration vorbereiten. Wie kann man einführen in ein derart bewegtes Denken? Gewiß könnte man den gesamten Fluß entlanggehen, die Gründe der Richtungsänderungen und der verschiedenen Geschwindigkeiten studieren. Doch dies erfordert einen langen Atem, gründliche Textarbeit, eine geschmeidige Darstellungsweise und breiten Raum. Mir ist daraus ein umfangreiches Buch erwachsen: *Nikolaus von Kues. Geschichte einer Entwicklung*, 679 Seiten, Frankfurt 1998. Ich möchte hier nun nicht die Ergebnisse dieser genetischen Darstellung gerafft zusammenstellen. Dies würde bei der gebotenen Kürze zur Vernachlässigung der philosophischen Ideen und Argumente führen. Ich ehre Cusanus als originellen Denker und möchte seine Argumentationen sorgfältig analysieren, ihre ausgesprochenen und unausgesprochenen Voraussetzungen zeigen und ihre Konsequenzen bedenken. Die Unart des Fernsehzeitalters, bei keinem Thema ruhig verweilen zu können, sollte nicht auch noch übergreifen auf die konzentrierte Denkarbeit eines Intellektuellen des 15. Jahrhunderts, der einem unruhigen Leben als Diplomat und Fürst stille Wochen des Klassikerstudiums, der Kritik und der Meditation abzuringen gewußt hat. Statt also den Entwicklungsgang des Cusanischen Denkens in hastiger Übersicht darzubieten, greife ich einen charakteristischen Moment heraus, um bei ihm mitdenkend zu verweilen. Den reißenden Fluß der Zeit, dem auch der meditative Denker nicht entgeht, bringe ich durch Vor- und Rückverweise in Erinnerung.

Der zu wählende charakteristische Moment sollte folgende Eigenschaften besitzen: Er müßte in einem markanten Text dokumentiert sein, denn über das Innenleben des Cusanus wissen wir nichts; er müßte ferner die Theorien zum Thema haben, die Cusanus selbst als Mittelpunkt seines Denkens gekennzeichnet hat; er müßte also aktualisierungsresistent sein. Einzelne Sätze sind dies bekanntlich nicht; deswegen möchte ich eine ganze Schrift des Cusanus zugrunde legen, nämlich sein Buch über *die Lupe* oder *die Brille, De beryllo*.

Dieser Text repräsentiert eine charakteristische Stufe im Denken des Cusanus. Er ist im reifen Alter des Kardinals, im Jahre 1458, geschrieben; er zeigt philosophisch wie schriftstellerisch seine denkerische Eigenart in unverwechselbarer Prägnanz; er repräsentiert auch ästhetisch die Cusanische Form. Er war folgenreich in der Geschichte des Denkens; jedenfalls hat Giordano Bruno ihn studiert und seine Ideen der Folgezeit – Hamann, Goethe, Schelling und Hegel – vermittelt. Es handelt sich um einen Meilenstein in der Geschichte der Philosophie.

Cusanus hat *De beryllo* als Einleitungsschrift konzipiert; deshalb empfiehlt sich dieses Buch als Grundriß einer Einführung. Der Text ist relativ kurz, jedenfalls kürzer als die früheren Schriften *De docta ignorantia* (1439/40) und *De coniecturis* (um 1442/43). Er ist anschaulicher als diese Bücher, die Cusanus selbst als schwerfällig bezeichnet hat. Als Cusanus diese großen Werke schrieb, suchte er noch seinen Weg mit Mühsal. Jetzt, etwa 18 Jahre später,

Abb. 2: Wildunger Passionsaltar von 1403 (Ausschnitt)

empfiehlt er sein Denken wegen seiner Leichtigkeit. Er hat ein neues Stilkonzept; er drängt seine früheren umständlichen geometrischen Beispiele zurück. Er gibt sie nicht völlig auf, aber er vereinfacht sie. Er bemüht sich um äußerste Anschaulichkeit; er schreibt selbstbewußt, expressiv; er redet von sich selbst und seinen neuen Einsichten; er verfaßt kein Handbuch, schon gar nicht im scholastischen Stil. Wir sind weit weg von der Welt der spätmittelalterlichen Universitäten.

Cusanus hatte schon *vor* 1458 mehrfach versucht, Lesern einen Zugang zu seinem neuen und ungewöhnlichen Denken zu verschaffen. Wie sein Briefwechsel mit den Mönchen vom Tegernsee belegt, war er damit nicht sehr erfolgreich. Es blieben immer noch Dunkelheiten, auch nachdem Cusanus mit dem schönen Buch *Vom Sehen Gottes, De visione dei*, (1453) den befreundeten Mönchen einen Erfahrungszugang zu seinem Denken geschaffen hatte. Die Freunde baten immer noch um Erklärung, vor allem des schwer faßbaren Theorems des Zusammenfalls widersprechender Sätze; auch mit dem Bild Gottes als einer unendlichen Kugel, vielleicht auch mit der Unendlichkeit des Universums hatten sie Schwierigkeiten (vgl. Brief von Kaspar Aindorffer vom Januar/Februar 1454; bei Vansteenberghe 1915, 120). Kurz: Sie baten um eine Brille, mit deren Hilfe sie sehen könnten, was ihnen bislang verborgen war. Die Schrift *De beryllo* ist die nachgeholte Erläuterung einer früheren Erläuterung. Und doch setzt sie neu ein. Sie kommentiert nicht die früheren Bücher, von denen Cusanus sich in mancher Hinsicht schon intellektuell entfernt hatte; sie erklärt seine Grundgedanken in ihrer gereiften Form. Sie konzentriert sich auf das Problem der Koinzidenz; auf das von den Freunden ebenfalls angemahnte Thema der unendlichen Kugel geht sie nicht ein. Sie greift die Mathematico-Theologie in der spezifischen Form von *De docta ignorantia* nicht wieder auf (zu *De beryllo* vgl. Volkmann-Schluck 1957, XV und 97–136; Senger 1986, besonders 60–66; Flasch 1998, 445–479).

Die Schrift bietet einen weiteren Vorteil: Wer den weiteren Denkweg des Cusanus verfolgen will, findet von ihr leicht den Übergang zu den Spätwerken, also zum letzten Lebens- und Arbeitsabschnitt des Cusanus von 1458 bis 1464. Diese letzte Periode brachte weitere wesentliche Neuerungen, die in *De beryllo* noch nicht ausgesprochen sind. *De beryllo* ist ein nachholendes Buch; es resümiert die Denkarbeit von etwa 1444 bis 1458, wovon die letzten vier Jahre durch Turbulenzen in der Politik, von denen gleich die Rede sein wird, beeinträchtigt waren. Jedenfalls markiert der Rückblick von 1458 zugleich den Eingang zur Spätphilosophie. *De beryllo* bildet ein Scharnier zwischen zwei Denkepochen des Cusanus; wer will, kann von diesem Buch zurückgehen auf *De docta ignorantia* und *De coniecturis*, die für den Anfang des Studiums wenig geeignet sind, und er kann vorwärts gehen zu den großen Büchern der Spätzeit, von denen ich nur nenne: *Das Nicht-Andere (De non aliud*, 1461/62), *Das Kugelspiel (De ludo globi*, 1462–63) und die *Jagd nach Weisheit (De venatione sapientiae*, 1462–63).

3. Politische Turbulenzen

Als Cusanus 1452 sein Amt als Bischof von Brixen antrat, standen die Zeichen auf Sturm. Er war weder vom Domkapitel gewählt noch hatte er die Zustimmung des Herzogs Sigmund von Österreich. Er kam von „außen", vom Papst bestimmt. Als er anfangen wollte, die Diözese, insbesondere die Klöster, nach seinen rigorosen Reformvorstellungen umzuwandeln, wuchs der Widerstand gegen ihn. Die Jahre bis 1458 waren voller politischer und sogar militärischer Spannungen, bis ihn der neugewählte Papst, der Humanist Pius II., mit dem er seit langem befreundet war, nach Rom berief. Immer wieder hatte Cusanus seinen Freunden im Kloster Tegernsee versprochen, eine Einleitungsschrift für sie zu verfassen; immer wieder mußte er verschieben. Als er im Juli 1457 aus Brixen auf die Burg Buchenstein (auch Andraz genannt) im südöstlichen Zipfel seiner Diözese (heute Livinallongo in der Provinz Belluno) floh, fand er endlich die Zeit, das oft erbetene Werk zu schreiben. So ist *De beryllo* bei einem Zwangsaufenthalt in den Bergen entstanden, quasi im Exil. War es der kirchenjuristische Starrsinn des Bischofs oder gab es wirklich Mordanschläge des Herzogs von Österreich, die zu dieser erzwungenen Ruhe geführt haben? Dies ist schwer zu entscheiden; jedenfalls handelte es sich um einen historischen Konflikt der sich reorganisierenden Papstkirche, die dabei war, den Konziliarismus endgültig zu unterdrücken, mit der entstehenden durchgängigen Souveränität der weltlichen Territorialfürsten. Dann war der Streit wohl unvermeidlich. Jedenfalls hatte er als Resultat eine wichtige Schrift des Philosophen Cusanus; jetzt endlich konnte er seine alten Zusagen erfüllen. So entstand sein letztes Buch, das nicht in Rom oder Orvieto geschrieben worden ist; ab September 1458 verlagerte sich der Schwerpunkt seines Lebens endgültig nach Süden. Er hat das Reichsgebiet nie mehr betreten.

Er war lange zuvor in Italien gewesen und sprach leidlich italienisch: Nach einem ersten Studienjahr in Heidelberg (1416/17) hatte er fünf Jahre in Padua studiert (1417–23) und war dort mit den neuen humanistischen Bestrebungen Italiens vertraut geworden. Bei diesen handelte es sich keineswegs nur um pädagogische und stilistische Unternehmungen; Cusanus trat in Padua früh in

Abb. 3: Grabmal des Nicolaus Cusanus in der Kirche San Pietro in Vincoli (Rom)

Verbindung mit Mathematikern und Ärzten wie Paolo del Pozzo Toscanelli, mit Astronomen wie Prosdocimus de Beldomandis, aber auch mit Kirchenjuristen und Diplomaten wie Giuliano Cesarini, der später Präsident des Basler Konzils wurde und dem Cusanus seine philosophischen Schriften *De docta ignorantia* und *De coniecturis* gewidmet hat. 1437 hat Cusanus die Partei gewechselt; er, der mächtige Streiter für die Oberhoheit des Konzils, trat zur päpstlichen Partei über, der für die nächsten Jahrhunderte der Sieg gehörte. Der Papst schickte ihn auf diplomatische Reisen; 1437/38 nach Konstantinopel, 1438 bis 1448 ins Reichsgebiet. Cusanus konnte nur noch in wenigen Mußewochen seiner Schriftstellerei nachgehen, bis er 1450 in Rom und in den Marken für ein Jahr zur Ruhe kam. Aber nach einer neuerlichen langen Legationsreise begannen 1452 die Kämpfe mit dem Herzog und mit dem lokalen Klerus, der seine Reformideen nicht teilte. Die erzwungene Ruhe auf der abgelegenen Burg Buchenstein im südöstlichsten Zipfel seines Fürstbistums bildet auch biographisch eine Art Scharnier. Denn als Cusanus, dem Ruf des befreundeten Papstes folgend, am 30. September 1458 in Rom eintraf, wurde er mit neuen Aufgaben überladen. Der neue Papst erwartete von ihm vor allem die diplomatische Vorbereitung des Türkenkreuzzugs; hinzu kam die unlösbare Aufgabe der Reform der Kurie und des Klerus von Rom. In Traktaten, die immer kürzer wurden, entwickelte Cusanus seine neue Spätphilosophie, die auf immer größere Vereinheitlichung des Weltentwurfs und auf konsequentere Reduktion aller Vielheit drängte. Sie sprach wachsende Erkenntniszuversicht aus; sie drängte die negative Theologie zurück, die in *De docta ignorantia* vorgeherrscht hatte. Als Kirchenmann war er resigniert, denn er hatte erkannt und ausgesprochen: Diese Kirche war nicht zu reformieren. Er ist, wie gesagt, auf einer Reise zur Vorbereitung des Kreuzzuges gegen die Türken im August 1464 in Todi gestorben (zur Biographie vgl. Jäger 1861, Vansteenberghe 1920, Meuthen 1958 und 1964). Ein unruhiges Leben fand mit der Beisetzung in seiner Kardinalskirche S. Pietro in Vincoli in Rom sein Ende; die Bibliothek und das Hospital, die der Kardinal seit 1458 bauen ließ, hat er nie gesehen. Dennoch kam ein Großteil seiner Bücher an den vorgesehenen Ort und stellt heute eine kostbare Sammlung und eine primäre Quelle für das Denken des Cusanus dar (zur Bibliothek vgl. Marx 1905, Bianca 1993). Sie zog immer wieder Besucher an. Reiche Büchersammler kamen vorbei und erwarben die eine oder andere Handschrift; diese liegen heute meist in London oder Brüssel. Dennoch gibt die Bibliothek auch heute noch ein lebendiges Bild von den intellektuellen Interessen ihres Besitzers. Sie verwahrt auch seine astronomischen Instrumente. Cusanus hat auf dem Gebiet der Astronomie keine originellen Forschungen gemacht, aber interessiert hat er sich für sie. Das ergab sich, weil er den Kalender verbessern wollte; es entsprach aber auch vielen astronomisch/astrologischen Büchern, die er gelesen hatte und die sich in seinem Besitz befanden. Ein Besuch in der Bibliothek stellt eine vergnügliche Einführung in die Welt des Cusanus dar. Ich hatte, als ich das vorliegende Buch entwarf, überlegt, ob es nicht die beste Hinführung zu Cusanus wäre, den Leser zu einem Gang durch diese Büchersammlung einzuladen, hier und dort stehenzubleiben und die eine oder andere Handschrift näher zu erklären. Da bei historischen Studien das Unerwartete am meisten belehrt, hätte ich mit der Handschrift 212 begonnen. Sie ist eine Sammlung astrologisch-astronomischer Traktate. Sie enthält viele arabische Texte in lateinischer Übersetzung, und auf dem Vorblatt hat sich der junge Cusanus eine Art Weltgeschichte aus astrologischer Sicht aufgeschrieben. Von diesen Texten ist in Cusanus-Darstellungen wenig die Rede; aber sie gehören zum Bild des historischen Autors des fünfzehnten Jahrhunderts. Ich bin von diesem Plan wieder abgekommen, weil es schwer gewesen wäre, die philosophischen Hauptsätze des Cusanus, zu denen wir in *De beryllo* seine authentische Einführung besitzen, beim Gang durch den gotischen Raum in Ruhe zu bedenken. Das Bild, das sich dem Bibliotheksbesucher ohne gedankliche Vorarbeit bietet, bleibt lehrreich, muß aber durch eigene Gedankenarbeit am Text des Cusanus vertieft werden. *De beryllo* und die Bibliothek in Kues, beide zusammen bilden die richtige Einführung zu Cusanus. Wer *De beryllo* durchgearbeitet hat, sollte als nächsten Schritt nach Kues fahren. Er sieht sofort, daß die Bildungswelt des Kardinals die des lateinischen Altertums und Mittelalters war; an der Wiedergewinnung der griechischen Antike hat er zunehmend teilgenommen; deutsche Schriften kommen in geringer Zahl vor. Der Besucher sieht die Bibel Alten und Neuen Testaments, teils in prachtvollen Ausgaben. Er sollte sich den Codex 21 herausnehmen oder herausnehmen lassen. Es handelt sich um eine der wenigen Handschriften mit den lateinischen Werken Meister Eckharts, welche die kirchliche Verurteilung Eckharts überstanden haben. Zahlreiche Randbemerkungen des Kardinals zeigen, wie intensiv er Meister Eckhart studiert hat, wenn er auch Diplomat genug war, ihn nur höchst selten, insgesamt zweimal, beim Namen zu nennen.

Auffallend sind die vielen juristischen und kirchenjuristischen Schriften. Dies erinnert daran, daß Cusanus der äußeren Profession nach kein Philosoph, sondern Jurist war. Wer im 15. Jahrhundert in der Kirche Karriere machen wollte, mußte Jurist sein; das zeigt auch die Büchersammlung. Selbstverständlich besaß Cusanus die wichtigsten Quellentexte der Philosophie, insbesondere die Werke Platons (Codex 177 und 178) und des Aristoteles. Unter den platonischen Dialogen waren der *Phaidon,* der *Timaios* und

Abb. 4: Die Bibliothek des Cusanus

der *Parmenides* (in der Erklärung durch Proklos) besonders wichtig für Cusanus. Der Codex 184 enthält die *Metaphysik* des Aristoteles, in der neuen Übersetzung von Bessarion, die in *De beryllo* stark präsent ist; wiederum zeigen zahlreiche Randbemerkungen, wie genau Cusanus den Text durchgearbeitet hat. Die Werke des Proklos in lateinischer Übersetzung sind in der Form erhalten, wie Cusanus sie benutzt hat: Die Handschrift 185 enthält die *Theologia Platonis*, der Codex 186 bringt den proklischen *Kommentar zum Parmenides* Platons. Beide Texte haben, zusammen mit der *Metaphysik* des Aristoteles, die Themen von *De beryllo* mitbestimmt. Für eine detailliertere Analyse von *De beryllo* sind sie unentbehrlich.

Wichtige Etappen der Bildungsgeschichte des Nikolaus lassen sich in dieser Bibliothek rekonstruieren: Da finden sich die Werke des Heymericus de Campo, den er in Köln kennenlernte (Codex 106). Da finden sich die großen Lehrer des Mittelalters, Anselm zum Beispiel (Codex 61). Genau studiert hat Cusanus den Kommentar des Albertus Magnus zu Dionysius Areopagita (Handschrift 96), dem er in *De beryllo* vorwirft, er habe die Intention des Autors verfehlt, weil er dessen Koinzidenzansätze „disjunktiv“ ausgelegt habe. Cusanus kannte und besaß seinen Thomas von Aquino (Codices 68–74). Aber von keinem Autor des Mittelalters hatte er mehr Texte als von dem Katalanen Raimundus Lullus (Codices 81–88). Dessen Ideen von der inneren Drei-Einheit aller Dinge (Korrelativenlehre) und dessen Projekt einer neuen universalen Generalwissenschaft (ars generalis) waren für einen Wissenschaftsreformer wichtig. Der Gang durch seine Bibliothek zeigt auch, wie gefährlich es ist, Cusanus auf eine moderne Wissensdisziplin hin festzulegen. War er Jurist? Wozu dann die enorme Zahl medizinischer Texte (Codices 293–310)? War er Theologe? Wozu dann die heidnischen Philosophen und wozu dann die frühe Aneignung der Astrologie? Und wofür brauchte er die astronomischen Instrumente? Die Bibliothek regt an, das Cusanus-Bild nach vielen Seiten auszuweiten; sie enthält noch immer Überraschendes, aber sie ersetzt nicht das Studium der Werke, insbesondere nicht seiner zur Einführung verfaßten Schrift über die „Brille“.

Jedenfalls beweist diese Bibliothek die ununterbrochene Präsenz des Cusanus vom 15. Jahrhundert bis heute. Sie überliefert die Werke des Cusanus und einige seiner Urkunden (Codices 218–221); sie stand am Anfang eines quellenmäßigen Studiums (für wertvolle weitere Informationen vgl. Marx 1905).

4. Hauptthema: Die Koinzidenz

Diesen geschichtlichen Hintergrund sollte bedenken, wer die Schrift *De beryllo* in die Hand nimmt. Sie handelt nicht von politischen Wirren; sie erklärt die theoretische Position des Cusanus, vor allem die Koinzidenz der Gegensätze (coincidentia oppositorum). Cusanus schreibt einleitend, wer seine verschiedenen Bücher lese, werde finden, daß er sich ziemlich oft mit dem Zusammenfall der Gegensätze beschäftigt habe (n. 1, 2–5). Cusanus stellt sich vor als Autor einer Reihe von Büchern, um deren Verständnis er besorgt ist. Er behauptet nicht, er habe immer *nur* von der Koinzidenz gehandelt. In der Tat hat er das Thema der Koinzidenz in einigen Büchern vollkommen ausgeklammert, zum Beispiel in *De pace fidei*. Aber er erklärt, die Koinzidenzlehre sei sein Hauptthema gewesen. Davon, und nicht von irgendeinem partikularen Thema, ist bei der Cusanus-Interpretation auszugehen. Cusanus verstehen wollen, heißt die Koinzidenzlehre begreifen wollen und zusätzlich die Gründe erfassen, warum sie nicht in allen Schriften des Cusanus vorkommt. Es scheint mir unangemessen, Zitate aus Cusanus nach Lehrpunkten zusammenzustellen, die ihm fremd oder peripher waren, und dabei den Zusammenhang mit der Koinzidenzlehre abzuschneiden. Indem er gleich in der ersten Zeile von *De beryllo* den Zusammenfall der Gegensätze zu seinem Thema erklärt, gibt Cusanus einen Hinweis, an den sich ein Autor zu halten hat, der vom historischen Nikolaus von Kues zu sprechen die Absicht hat. Cusanus sagt nicht, er wolle von Gott sprechen und *somit* auch von der Koinzidenz. Er kündigt die Klärung der Koinzidenzlehre an, und wir Leser haben zuzusehen, in welchem Sinne er sie verstanden hat, ohne ihn von vornherein auf Theologie festzulegen.

Was mag ein zeitgenössischer Leser gedacht haben, wenn er den Ausdruck „coincidentia oppositorum" las? Gebildete Zeitgenossen kannten zu diesem Thema vor allem die logischen Schriften und die *Metaphysik* des Aristoteles. Dort waren die verschiedenen Arten der Gegensätze unterschieden. In der lateinischen Übersetzung war „oppositio" der Oberbegriff für alle Arten der Gegensätze, für den relativen (wie Vater – Sohn), den konträren (wie schwarz – weiß) und den kontradiktorischen, den Widerspruch zwischen zwei Aussagen. Fast alle Leser des Cusanus waren durch eine aristotelisch geprägte Ausbildung hindurchgegangen; sie kannten mindestens seine Schrift über die *Kategorien,* die im 10. Kapitel die Lehre von den Gegensätzen zusammenfaßte. Sie hatten von Aristoteles gelernt, daß sich zwei wahre Sätze nicht widersprechen dürfen. Sie mußten fragen, ob Cusanus nur vom Zusammenfall aller sonst entgegengesetzten Vollkommenheiten in Gott sprechen wollte oder ob er, gegen Aristoteles und fast die gesamte Tradition, auch widersprechende Sätze als wahr anerkennen wollte. In der religiösen Sprache kamen paradoxe Wendungen vor. Man konnte von Gott sagen, er sei Licht; man konnte auch behaupten, er sei Finsternis. Dionysius Areopagita, der Schriftsteller der Zeit um 500, der die Summe der neuplatonischen Philosophie, die er bei Proklos vorfand, auf die Deutung des Christlichen angewendet hatte und der im 15. Jahrhundert noch durchweg als der Vermittler der Geheimlehre des Apostels Paulus und als dessen direkter

Schüler galt, hatte zu derartigen Gedanken angeregt, besonders in seinen Schriften *Über die göttlichen Namen (De divinis nominibus,* besonders VII 3) und über *Mystische Theologie*, allerdings ohne eine terminologische Entsprechung zu „Koinzidenz" zu gebrauchen. Der Ausdruck „coincidentia" war vor Cusanus vereinzelt vorgekommen. Aber Koinzidenz war weder ein zentrales Motiv gewesen, noch hatte es die Zulassung wahrer widersprechender Sätze bedeutet.

Was es also gelegentlich *vor* Cusanus gab, war eine Koinzidenzlehre im schwachen Sinne des Wortes. Sie bewegte sich in tradierten Bahnen und besagte, daß in Gott Eigenschaften zusammenfallen, die bei uns kaum vereinbar sind, wie Barmherzigkeit und Gerechtigkeit. Sie konnte sich auf Aristoteles berufen, der im XII. Buch seiner *Metaphysik* nahegelegt hatte, im Ersten Beweger fielen Wirkursache, Formursache und Zielursache zusammen (vgl. besonders Kap. 7 und 8, auf die sich Cusanus in der Interpretation Alberts bezog). Eine Koinzidenztheorie im starken Sinne des Wortes, wie Cusanus sie seit *De docta ignorantia* entwickelt hat, ging über diese Lehre hinaus, indem sie im Widerspruch zur gesamten philosophischen Tradition die Koinzidenz widersprechender Sätze bezüglich desselben Gegenstandes zuließ. Sie konnte sich traditionelle Aussagen aneignen, aber sie bedeutete einen Bruch mit der für die Geschichte der europäischen Rationalität entscheidenden aristotelischen Auffassung des Wissens.

5. Vernunft und Verstand

Cusanus gibt eingangs noch einen zweiten Wink. Er berichtet, er habe in seinen Büchern nach der intellektuellen Einsicht, nicht nach der Art des Verstandesdenkens seine Schlüsse zu ziehen versucht (De ber. n. 1, 4–5). Hier ist jedes Wort wichtig: Nicht gemäß dem Verstand, ratio, sondern entsprechend der intellektuellen Anschauung, intellectualis visio, habe er Schlüsse gezogen. Die Unterscheidung von ratio und intellectus, also von Verstand und Vernunft, hatte Cusanus in *De docta ignorantia* noch nicht durchgeführt; sie gehört einer zweiten Entwicklungsstufe der Koinzidenzlehre seit *De coniecturis* (etwa 1442) an. Cusanus fordert damit einleitend auf, *De docta ignorantia* und die Koinzidenzlehre im Licht seiner später nachgeholten Unterscheidung zu denken. Was die Unterscheidung genau bedeutet, wird sich im folgenden klären. Hier nur ein Wort zum vor-Cusanischen, zuletzt auf Platon zurückgehenden Sprachgebrauch. Danach war ratio das diskursive Verfahren, das durch viele Einzelsätze zu seinem Ergebnis kommt; intellectus war die einfache Einsicht in die Voraussetzungen, die jedes logische Vorgehen macht. Wenn Cusanus von intellektueller Schau (visio) spricht, ist dies präzis zu nehmen: als Einsicht in das jeweils Vorausgesetzte. Cusanus nennt sein Verfahren ein Schließen, ein concludere. Er denkt an ein Sehen der Voraussetzungen, das Aussagen zusammenschließt. Sein Ausdruck „Sehen" (visio) ist also nicht im Sinne einer unmittelbaren Schau oder einer Intuition zu deuten. Mit Hilfe des Berylls sollen wir sehen lernen, was unseren gewöhnlichen Sätzen und unseren wissenschaftlichen Behauptungen zugrunde liegt, was aber im Alltag wie in der bisherigen Wissenschaft verborgen geblieben ist.

Cusanus macht einleitend eine dritte Ankündigung. Er sagt, wie er vorgehen will. Er verspricht ein Doppeltes: Zuerst will er ein anschauliches Bild seines Verfahrens geben; er will seine „Brille" oder seine Lupe vorstellen, mit deren Hilfe jeder noch so schwache Intellekt die obersten Wissensinhalte erfassen könne; sodann will er einige Sentenzen bedeutender Denker vorlegen, damit sein Leser zum Richter darüber werde, wie weit Aussprüche der Tradition die Wahrheit erreicht haben (n. 1, 5–10).

Cusanus entwirft also zur Einleitung in seine Philosophie ein zweiteiliges Programm. Er will von der anschaulichen Erfahrung einer aus Beryll gefertigten Lupe zum Denken der Koinzidenz führen. Zweitens will er die Tradition sichten, wie weit sie an die Wahrheit herangekommen sei, die sein neues Verfahren, seine „Brille" sichtbar macht.

Es geht um die äußersten Inhalte alles Wißbaren, um das ultimum scibilium. Cusanus sagt nicht, er wolle den christlichen Glauben plausibel machen. Er spricht nicht von Ahnungen, sondern von Wissensinhalten. Zwar ist unser Intellekt schwach. Aber er muß es nicht bleiben. Die neue Lupe soll ihm zeigen, wie jeder Denkende, nicht nur jeder Gläubige, zum höchsten Wissen gelangen kann. Er muß nur vom Bild der Lupe zu der Einsicht in die Voraussetzungen aufsteigen. Cusanus nennt seine „Lupe", damit wir sie bildlich verstehen, auch einen „Spiegel“ und ein „Gleichnis“. Er gebraucht Worte des Apostels Paulus in einem Zusammenhang, der nicht paulinisch ist. Denn nach Paulus werden wir erst nach der Wiederkunft Jesu frei von der Beschränkung sein, Gott nur im „Spiegel und Gleichnis“ (1 Korinther 13, 12) zu sehen. *Jetzt*, sagt Paulus, sehen wir in Spiegel und Gleichnis, *später* von Angesicht zu Angesicht. Cusanus hingegen sagt: Nimm mein Augenglas als Bild und Gleichnis, und dann steigst du auf zur höchsten Einsicht. Das ist Laienphilosophie und Erkenntniszuversicht, nicht Verweis auf eine apokalyptische Zukunft oder auf das Jenseits. Cusanus sagt ausdrücklich, es liege in jedermanns Macht (potestas), in wenigen Tagen zur höchsten Einsicht zu kommen. Wir sollen nicht beim Bild stehen bleiben, sondern zur Einsicht fortschreiten. Dabei hebt Cusanus hervor: Sein Verfahren ist auf alle Art von Forschungen auszudehnen. Jeder, der es verstanden hat, kann es auf seinem Arbeitsgebiet fruchtbar anwenden (ad quaeque indaganda). Er verspricht also einen discours de la méthode. Er sagt von Anfang an, er werde nicht nur von Theologie sprechen, er suche universale Anwendung und grenzenlose Ausdehnung. Er verspricht eine Allgemeinwissenschaft, eine ars generalis, die jedermann zugänglich und auf alles anwendbar sein soll; sie sei, sagt er, trotz der Kürze der Anleitung schnell erreichbar.

6. Richter über die Tradition

Erst wenn er den Gebrauch der „Brille“ eingeübt hat, kann der von Cusanus Belehrte auch die Tradition beurteilen. Die anstehenden Fragen sind schwierig, aber das neue Augenglas versetzt jeden in die Lage, Sentenzen der Denker als deren Richter zu bewerten. Cusanus schlägt hier Töne an, die manche Historiker erst für die Zeit nach Descartes erwarten: Der Philosophierende soll Richter werden (n. 1, 9: iudex fias); er soll die Macht (n. 1, 13: potestas) erhalten, das eingeübte Verfahren auf alle Forschungsgegenstände selbständig auszudehnen. Die Denker der Vergangenheit sind keine Norm; sie bilden für Cusanus keine übergewichtige Überlieferungssubstanz, der wir uns nur anzuschließen, gar zu unterwerfen hätten. Die Vielfalt der Traditionsstimmen und die berühmten Namen sollen niemanden einschüchtern; das neue Cusanische Verfahren führt nicht zur Skepsis, sondern zur sachgerechten Bewertung der Aussprüche der Meister.

1458 hatte Cusanus längst die Erfahrung gemacht, daß seine neuen Ideen abgelehnt worden waren. Er rechnete mit Lesern, die seine Ansichten für verrückt hielten. Er hatte Widerspruch und Häresieverdacht schon zu Beginn der vierziger Jahre erfahren. Er halte es mit dem vom Papst verurteilten Meister Eckhart, fand zum Beispiel der Heidelberger Professor Johannes Wenck. Andere kritisierten, er wolle die christliche Glaubenslehre in eine Art Mathematik verwandeln. Er hatte, soeben Kardinal geworden, 1449 zum Gegenangriff angesetzt; 1458 blickte er aus souveräner Distanz auf seine Gegner. Er schrieb für seine Freunde, die in Wien studiert hatten und ihren Weg suchten, aber er dachte wohl auch an eingefleischte Aristoteliker. Ihnen sagt er: Mein Thema sind mystica, das heißt: symbolisch zu lesende Behauptungen; es sind göttliche Dinge (divina), das heißt: Es geht um das Ganze der Realität; das einzig angemessene Verfahren dafür ist die Erhebung des Geistes (elevatio intellectualis). Prinzipiell hat jeder dazu die Macht, aber wer sich auf niederer Stufe festsetzt, hält die höhere Stufe für Unsinn. Er muß sich klarmachen, daß er Defizite hat. Es braucht einen Aufschwung der Seele, und es braucht Übung in der Spekulation. Es geht nicht um abstrakte Lehre, sondern wie in der antiken Philosophie um Übung, Erfahrung und persönliche Anleitung. Gegenüber dem universitären Formalismus verlangt Cusanus ein Lehren und Lernen mit persönlichem Charakter. Man muß Sehnsucht nach Einsicht haben, und man muß jemanden finden, der den Weg zeigt. Daher ist die ganze Schrift *De beryllo*, wie auch schon frühere Bücher, in der Form direkter Anrede gehalten. Am Ende des Weges steht der intellektuelle Fund von unermeßlichem Wert. Das letzte Wort ist Freude, nicht Klage über die Grenzen der menschlichen Erkenntnis. Die tiefste Einsicht ist erreichbar, nicht erst im Jenseits, nicht erst nach jahrelangem Studium, sondern hier und jetzt, in wenigen Tagen (n. 2, 10: paucissimis diebus).

7. Esoterisches Wissen

Alle sind eingeladen, aber dennoch will Cusanus seine Einsichten nicht allen mitteilen. „Sagt es niemand, nur den Weisen.“ Er erklärt ausdrücklich, die höhere Stufe der Einsicht sei geheimzuhalten. Er zitiert für diese esoterische Konzeption der Philosophie Platon und Dionysius Areopagita (n. 2, 1–7).

Uns heute ist ein zweistufiges Wissenskonzept fremd geworden. Es kann aber kein Zweifel sein, daß Cusanus es teilte. Schon 1449 hatte er Meister Eckhart gelobt und gleichzeitig gefordert, dessen Werke sollten aus öffentlichen Bibliotheken entfernt werden. Das klingt zwiespältig, entsprang aber einer Analyse der kulturellen und kirchenpolitischen Situation. Die kirchlich-dogmatischen Formeln waren längst abgeschlossen; das Universitätswesen war festgelegt und war mit den Strukturen und dem inzwischen scholastisch geprägten Selbstverständnis der Kirche eng verwachsen. Cusanus konnte, nach den Angriffen, die er hatte erleben müssen, nicht unmittelbar an eine Reform gehen. Er mußte den Umweg über Einzelne und kleine Gemeinschaften wie die Tegernseer Mönche nehmen; er mußte auf Zeit und Diplomatie setzen. So wurde er der Erneuerer einer antiken Tradition der Unterscheidung zwischen exoterischer und esoterischer Philosophie; er berief sich auf Platon, das Wichtigste sei geheimzuhalten (De ber. n. 16, 5).

So weit die Einleitung zur einführenden Darstellung der Philosophie des Cusanus, wie er sie 1458 gegeben hat (n. 1 und 2). Das Buch will ins Esoterische seines Denkens einführen. Es geht von einer gewissen Resignation aus, wie sie der kulturellen Situation durchaus entsprach. Selbst eine noch so neuerungsbereite höchste kirchliche Leitung konnte keine Gesamtreform der Kultur administrativ durchsetzen wollen. Stille Gelehrtenarbeit, wie die vom Papst geförderte Übersetzung des Thukydides und des Archimedes und private Schritte waren gefordert. Im Rückblick gesehen, haben sie innerhalb der kirchlichen Bildung nicht zu viel geführt; die produktive geschichtliche Wirkung des Kardinals lag nicht mehr innerhalb seiner Kirche und der Universitäten.

Es zeigen sich damit auch die Grenzen der Cusanischen Einführung in die Philosophie des Cusanus: Die kleine Schrift, in bedrängter Situation verfaßt, konnte nicht die ganze Breite der Interessen des Cusanus widerspiegeln. Religionsfrieden und Details der Naturforschung, historische und juristische Fragen kommen nicht vor; Eckhart und Lull, Eriugena und Thierry von Chartres, die Cusanus für höchst bedeutsame Denker hielt, werden im ganzen Buch nicht erwähnt (zu diesen Autoren vgl. Flasch [2]2000). Das Buch ist hastig abgeschlossen. Es beginnt mit einer straffen Gliederung, hält sie aber nicht konsequent durch: Es setzt ein mit einem kurzen Vorwort (n. 1–2), erklärt den Titel der Schrift (n. 3) und stellt dann die vier Hauptsätze der Cusanischen Philosophie vor (n. 4–7), um sie dann ausführlicher zu begründen. Aber nur die Begründung für die erste Hauptthese ist deutlich abgegrenzt (n. 8–13); danach läßt der Autor sich immer wieder ablenken; er bringt zum Beispiel die Begründung für den vierten Hauptsatz (n. 55–57) vor derjenigen der dritten These (n. 65–71).

Außerdem ist Cusanus auf der *De beryllo*-Stufe nicht stehengeblieben. Wir haben es mit einer Momentaufnahme zu tun. Aber sie erlaubt die Analyse eines charakteristischen Stadiums, von dem aus jeder die Macht (Cusanus spricht ausdrücklich von potestas) hat, selbständig in der Forschung weiter zu kommen, ad quaeque indaganda.

Erster Teil:
Die vier Hauptsätze der Cusanischen Philosophie

I. Erster Hauptsatz: Der Weltgrund ist Einheit und Geist

1. Konsequenter als Anaxagoras

Von nun an folge ich der Selbstdarstellung der Philosophie des Cusanus in der Schrift *De beryllo*. Cusanus schickt ihr vier Thesen als Grundlage alles folgenden voraus. Dabei verweist er keineswegs auf seine früheren Schriften; er wollte neu, von den ersten Fundamenten aus, beginnen. Daher ist zunächst nicht von der Koinzidenz die Rede, sondern von deren Grundlagen, wie sie sich mit Hilfe der neuen „Brille" zeigen. Erhält der durchsichtige Edelstein Beryll die Form einer Linse, dann zeigt er, was zuvor unsichtbar war. Er wird dadurch zum Bild und Gleichnis einer neuen philosophischen Methode, den ersten Grund aller Dinge und das Gesamt der Realität zu erforschen. Cusanus drückt das so aus: Durch die intellektuelle Lupe, die eine Gestalt hat, die zugleich ein Maximum ist und ein Minimum, die also selbst eine Koinzidenz der Gegensätze darstellt, sieht jeder mit „intellektuellen Augen" den ersten Grund aller Dinge. Cusanus gibt zunächst nur ein einziges Charakteristikum dieses ersten Grundes von allem an: seine Unteilbarkeit; er nennt ihn indivisible, unteilbar. Körper sind teilbar. Seelische Zustände, selbst Gedanken sind komplex, bestehen aus einer Vielheit von Elementen und sind insofern zerlegbar. Der *eine* Grund aller Dinge ist unzerlegbar; daß er „unteilbar" heißt, ist nur ein anderes Wort dafür, daß er unzerstörbar die Einheit ist.

Wir „berühren" ihn als den unteilbaren Grund von allem (n. 3, 5). Daß der Weltgrund „berührt" wird, ist eine wichtige Bestimmung. Wer etwas berührt, ahnt es nicht nur; er „glaubt" nicht an die Existenz des Berührten, er überzeugt sich direkt von ihr. Aber er umfaßt nicht, was er berührt. Er erfaßt, daß das Berührte größer ist als das, was sein Berührungsorgan aufnimmt. Das Unteilbare als Weltgrund berühren, das heißt: sich von der Einheit des Prinzips überzeugen; der Berührende weiß, daß er das Prinzip, indem er es berührt, zwar mit Gewißheit erfaßt, aber nicht ausschöpft.

„Berühren" (attingere) und „Unteilbar-sein" (esse indivisibile) sind Grundbegriffe, die Cusanus nicht zu erfinden brauchte. Sie entstammen der platonisch-neuplatonischen Literatur. Zwischen dem originalen Platon und seiner neuplatonischen Auslegung machte Cusanus keinen Unterschied; damit teilte Cusanus ein Vorurteil, das bis zum Einsetzen der kritischen Philologie gegen 1800 allgemein galt. Er las Proklos, den späten Neuplatoniker, der Plotins Denken auf eigenwillige Art systematisiert hatte, als sei er Platons Sprachrohr und war überzeugt, Jesus und Proklos hätten dasselbe gelehrt; sie hätten vor allem gezeigt, daß der Vielheit der Weltdinge ein einziger einheitlicher Grund vorausgehe. Die vielen Dinge sind zufällig, das Eine nur ist notwendig. Cusanus hat zur Zeit, da er *De beryllo* schrieb, die Schriften des Proklos, um deren Übersetzung er seit 1438 bemüht war, erneut studiert und mit Bemerkungen versehen, die erhalten und publiziert sind (CT III 1, 2, 2.1, 2.2; zur These des Cusanus, Jesus und Proklos sagten dasselbe, vgl. Flasch 1998, 500f. und 651; grundlegend Klibansky 1929; Einzelheiten auch bei Koch 1949). Er bestärkte sich durch Proklos vor allem in dem längst bejahten Grundsatz, alle Vielheit setze die Einheit und alles Teilbare das Unteilbare voraus; sie existiere und sei als Vielheit nur erkennbar, soweit sie Anteil habe an der Einheit. Dieser Grundsatz lag seit Parmenides fast der gesamten europäischen Philosophie zugrunde; sie begriff sich als Denken des Einen (vgl. Flasch 1973, Beierwaltes 1985). Die Frage war, mit welcher Konsequenz dieser Gedanke ergriffen und durchgeführt wurde. Dabei stieß Cusanus auf folgende Fragen:

Wenn kein Vieles sein und gedacht werden kann ohne eine Einheit, die in ihm vorausgeht, muß man dann nicht zugeben, daß auch keine Einheit sein und gedacht werden kann, ohne eine Vielheit, die sie begleitet und gewissermaßen auch bedingt? Dann sind Einheit und Vielheit ein Gegensatzpaar, das aufeinander angewiesen ist. Setzt es nicht eine übergeordnete Einheit voraus? Wenn der Weltgrund das Eine ist, muß dann nicht das göttlich Eine von dieser Gegensätzlichkeit des gewöhnlichen Einen und des Vielen ausgenommen werden? Müssen wir nicht behaupten, es stehe jenseits des Gegensatzes von Einheit und Vielheit? Und wenn das göttliche Eine gegensatzlos weder eines noch vieles ist, muß dann nicht auch der menschliche Geist und muß nicht auch die Welt diese Übergegensätzlichkeit dem Denken anzeigen? Sind wir, als Denkende, dann nicht selbst der Zusammenfall der Gegensätze? Wenn aber das göttlich Eine jenseits von Einheit und Vielheit zu denken ist, was können wir dann von ihm noch sagen? Wenn es vom Gegensatz von Einheit und Vielheit völlig abzulösen ist, wie können wir dann noch Sätze über es bilden, die wahr sein sollen, obwohl sie sich notwendigerweise im Vielen bewegen müssen? Verschlingt dann nicht die negative Theologie allen bestimmten Inhalt? Ist dann das göttliche Eine nicht eine Nacht, in der alle Katzen grau sind? Dann enden wir bei einem Mißverhältnis zwischen menschlicher Sprache und Realität, das jede Skepsis rechtfertigen würde.

Diese Fragen eilen der Darstellung voraus, die Cusanus von seiner Philosophie gibt. Sie sollen nur, vorläufig und hypothetisch, den Horizont bezeichnen, vor dem sich diese Philosophie bewegt. Die Argumentation des Cusanus setzt ein mit der These, daß es nur *einen* Weltgrund gibt, der mit Anaxagoras „Geist“, intellectus, genannt werde. Von ihm gehen alle Wesen ins Sein hervor, damit er sich selbst in ihnen zeige. Es ist die Freude des Intellekts, sein Licht zu zeigen und mitzuteilen. Der weltbegründende Intellekt macht sich selbst zum Sinnziel seiner Werke. Um seine Herrlichkeit vorzuzeigen, schafft er geistig erkennende Wesen, die seine Wahrheit sehen können. Er bietet sich ihnen zur Erkenntnis dar, in dem Maße, in dem sie ihn als sichtbaren fassen können (n. 4).

Diese These ist die Philosophie des Cusanus in nuce. Er sagt selbst, sie enthalte eingefaltet (complicite) alles, was sonst noch zu sagen ist. Es ist nötig, bei diesem Ausgangspunkt zu verweilen.

Hatte Cusanus zuvor den einzigen Weltgrund nur als unteilbar, als von höchster Einheit, charakterisiert, also mit einer nicht biblischen, sondern proklischen Bestimmung, so nennt er ihn jetzt mit Berufung auf Anaxagoras „intellectus“, „Geist“. Als Geist macht er sich sichtbar. Er will gesehen werden, und seine Weltbegründung erfolgt zu dem Zweck, daß er gesehen werde. Denn seine Freude ist es, bei den Erkennenden zu sein. Seine Mitteilungslust kennt keine Grenzen. Alle Begrenzung erwächst aus dem Fassungsvermögen derer, die ihn als sichtbaren erfassen, soweit es ihnen möglich ist.

Dies sind weitreichende Aufstellungen: Das eine Prinzip der Welt ist „intellectus“; die Weltveranstaltung hat den einheitlichen

Sinn, daß der weltbegründende Intellekt (conditor intellectus) sich in ihr zeigen und mitteilen will. Seine Unteilbarkeit, auf der zunächst mit Parmenides-Proklos der Akzent lag, darf nicht als Bestimmungslosigkeit oder als Leere verstanden werden; sie ist Sichzeigenwollen, sie ist Freude, sie ist Sichdarbieten und Bezugnehmen auf andere Intellekte.

Cusanus trägt hiermit den ersten Grundsatz seiner Philosophie von 1458 vor, in kurzer, thesenartiger Zuspitzung, deren genaue Bedeutung sich im weiteren Fortgang des Denkens erweisen soll. Die Thesenform ist diesem Denken, das auf Anwendung und Ausweitung drängt, unangemessen. Sie hat vorläufigen und didaktischen Charakter.

Cusanus spricht in auffallend antikisierender Diktion. Er sagt nicht: Gott hat die Welt geschaffen, um sich mitzuteilen. Er sagt, das erste Prinzip (primum principium) ist mit Anaxagoras als Intellekt zu bezeichnen. Dann setzt er den aus Anaxagoras nicht herzuleitenden weiteren Satz ein, der Intellekt sei Freude am Sichzeigen. Dies konnte man allenthalben aus dem XII. Buch der *Metaphysik* des Aristoteles herauslesen, aber nur, wenn man an der Bezüglichkeit und Mitteilsamkeit des ersten Weltgrundes Interesse hatte. Cusanus nennt dann den Intellekt, aus dem alles hervorgeht, den conditor intellectus. Ich würde diesen Ausdruck nicht mit „Schöpfervernunft" übersetzen, sondern mit: weltbegründendem Intellekt. Nur so kommt der an den Platonischen *Timaios* und an die proklische Platonrezeption erinnernde Anklang an den *nous demiourgikos* und an den Ausdruck „conditor" in der lateinischen Übersetzung des proklischen *Parmenides*-Kommentars heraus. Cusanus hätte genau so gut „Schöpfer" sagen können, aber er spricht vom primum principium und conditor intellectus. Cusanus wußte, daß dies die Diktion Platons war (De ber. n. 35, 8–10, vgl. auch z.B. n. 26, 8 und 10). Damit will ich nicht sagen, Cusanus bewege sich auf genuin antikem Boden; er spricht selbst davon, der weltbegründende Intellekt „schaffe" andere Geistwesen (creat). Auch geht das substantielle Mitteilungsinteresse seines Weltgrundes doch wohl über die Güte des platonischen Weltbegründers hinaus, der so viel von seiner Gutheit mitteilen will, wie begrenzte Wesen aufnehmen können. Allerdings vermeidet Cusanus die Vorstellung eines vorausliegenden Planes und eines Willens, der das Geplante ausführt. Die Welt ist das

Sichzeigen ihres Begründers; sie ist der sichtbare Begründer; auf diese Entsprechung kommt es an. Wenn wir annehmen, die Welt gehe aus Vernunft hervor, dann muß dies der Welt auch anzusehen sein. Mehr noch: Wir müssen mit der Unterstellung an die Welterkenntnis herangehen, diese sei in der objektiven Struktur der Welt begründet. Oder noch weitergehend: Wenn die Welt zu unserer Erkenntnis begründet worden ist, dann können wir von *unseren Erkenntnisweisen* her folgern, wie die Welt beschaffen sein muß, um ihren Sinn, von uns erkannt zu werden, zu erfüllen.

Die Überlegung setzt ein mit dem Intellekt, den Anaxagoras als erster zum Weltgrund gemacht hatte. Cusanus kannte das Lob des Aristoteles, der in seiner *Metaphysik* gesagt hatte, mit der Einführung des „Geistes" als neuen Prinzips sei Anaxagoras wie ein Nüchterner unter Trunkenen aufgetreten. Cusanus las aber auch im Platonischen *Phaidon* (97b9ff) die berühmte Kritik des Sokrates an Anaxagoras: Er, Sokrates, habe sich gewundert, daß Anaxagoras, nachdem er den Nous als Weltgrund eingeführt habe, dann doch nur mechanische Ursachen der Weltdinge angebe, also auf Sinn und Zielhaftigkeit bei der Welterklärung verzichte. Das wäre doch, als wolle jemand die Tatsache, daß er, Sokrates, im Gefängnis bleibe, also eine Fluchtmöglichkeit nicht wahrnehme, nur damit erklären, daß er Sehnen und Knochen habe. Platon forderte also eine konkrete Durchführung des Gedankens des Geistes als Ursprung bis hin in die Einzelheiten des Naturwissens. Cusanus spricht es nicht direkt aus, aber wer den *Phaidon* und die *Metaphysik* des Aristoteles gelesen hatte, konnte dem ersten Grundsatz seiner Philosophie die Intention entnehmen, nun endlich die Einsicht in die Weltbegründung durch den Intellekt rigoros *durchzuführen*. Dies ergibt eine Kurzformel für die philosophische Position des Cusanus in *De beryllo*: Sie zieht radikal die Konsequenz daraus, daß der Intellekt der anwesende Ursprung der Welt ist. Die sichtbare Welt ist dessen sichtbare Wahrheit, und diese muß, soll der Sinn der Weltbegründung eingelöst werden, von *unseren Sehweisen* her aufgeschlüsselt werden können. Wenn die Welt dem Sinn entsprungen ist, muß sie *in sich* bezüglich sein auf *unsere* Art, Sinn zu erfassen. Der erste Hauptsatz des Cusanus ist ein Axiom, das jeder Ontologie und jeder Kosmologie der Sache nach vorausgeht. Er ist nicht auf empirische Bestätigung angelegt; aber alle empirische Bestätigung zehrt von ihm.

2. Den Weltgrund sehen – durch das Maximum, das Minimum ist

Cusanus führt dann näher aus, wie sich die Erkenntnis des ersten Grundes verändert, wenn wir seine Lupe zu Hilfe nehmen (n. 8–13). Was er sein Augenglas (oculare) nennt, ist das Zugleichdenken des Maximums und des Minimums. Die Lupe ist ein Mittel, damit wir sehen, was sonst unsichtbar bleibt. Das Ziel ist das Sehen; wir wollen das unteilbare Prinzip *sehen.* Dies war für Cusanus kein hybrides Verlangen; er will den Weg zu diesem Sehen zeigen. Wir sehen den ersten Grund, indem wir *durch* das Maximum und zugleich *durch* das Minimum sehen, *per* maximum pariter et minimum. Diese Koinzidenzformel beschreibt die Koinzidenz als Verfahren, als intellektuelle Tätigkeit. Die Koinzidenz ist das, wodurch wir das Unteilbare sehen; der Beryll *ist* die Koinzidenz. Wir sollen also ein Maximum denken, das größer nicht sein kann, und das identisch ist mit dem Minimum, das kleiner nicht sein kann. Dies Zusammenfallen des absoluten Maximums mit dem absoluten Minimum hatte Cusanus im vierten Kapitel des ersten Buches von *De docta ignorantia* argumentativ vorgeführt, aber als Charakteristikum der göttlichen Einheit verstanden. Davon war er schon in *De coniecturis* abgekommen; seit etwa 1442 dachte er die Koinzidenz als Eigenart des Intellekts im Unterschied zum Verstand (ratio). 1458 nimmt er diesen Zusammenfall von Maximum und Minimum im Intellekt als Ausgangspunkt oder vielmehr als Sehhilfe, das erste Prinzip zu sehen. Dann, folgert er, sehen wir es, als jedem Großen und jedem Kleinen vorgeordnet. Was groß ist, kann größer und kleiner werden. Was klein ist, kann größer oder auch kleiner werden. Das Große und das Kleine sind also teilbar. Das Maximum, das zugleich das Minimum ist, muß auf alle Weisen, in denen Gegenstände teilbar sind, unteilbar sein.

Wir sehen also, daß der Weltgrund, der alles begründet, nicht die Charaktere der Weltgegenstände trägt; er muß schlechthin einfach sein. Dies ist das platonische Modell des Aufstiegs, wie ihn das Platonische *Symposion* entwickelt. Doch Cusanus treibt es weiter: Wir sehen durch den Beryll nicht nur Großes und Kleines, also Teilbares, und sehen dadurch das Unteilbare. Wir blicken auch auf Ungleiches und sehen darin die *Gleichheit*, die abgestuft in ihnen anwesend sein muß, damit sie gleicher oder ungleicher sein und heißen können. Wir sehen ähnliche Dinge, wir bilden den Gedanken der absoluten Ähnlichkeit, und durch ihn blicken wir auf das unteilbare Prinzip alles Gleichen/Ungleichen und alles Ähnlichen/Unähnlichen. Dieses Prinzip ist auf alle Weisen, in denen Ungleiches oder Ähnliches geteilt werden kann, unteilbar. Wir sehen dies und wissen es als die Wahrheit alles Ungleichen und Ähnlichen. Die Wahrheit wird der Inhalt unserer Einsicht, und wir sehen sie, indem wir zugleich eine maximale und eine minimale Ähnlichkeit in ihrer Identität denken.

Ein dritter Schritt: Wir sehen das Teilbare und sehen darin intellektuell das Unteilbare oder die *Verbindung* des Teilbaren. Ähnlich sehen wir die unteilbare Verbindung, wenn wir in der Welt teilbare Proportionen, Zahlenrhythmen und Schönes sehen (n. 8).

Wir wollen den unteilbaren Weltgrund sehen. Wir können dies auch, wenn wir nur den Beryll zu Hilfe nehmen. Dann sehen wir aber mehr als die Unteilbarkeit. Wir sehen Qualitätsstufen des Teilbaren und sehen in ihnen das Unteilbare als allen Qualitätsstufen und allen Formen der Teilbarkeit enthoben. Wir sehen Gleiches/Ungleiches sowie Ähnliches/Unähnliches und sehen denkend die absolute Ähnlichkeit des Unteilbaren mit allem. Wir sehen verschiedene Stufen der Ähnlichkeit, bilden uns ein Konzept der herausgelösten und in diesem Sinne absoluten Ähnlichkeit und sehen, daß sie zugleich die größte und die kleinste Ähnlichkeit ist. Wir sehen: Sie ist nicht die einlinige Steigerung der *einen* Gegensatzseite, sondern ist sie das Herausgenommensein aus den Gegensätzen von groß – klein, ähnlich – unähnlich. Wir sehen Geteiltes und Teilung, wir sehen dabei intellektuell die Verbindung, die allem Teilen und Geteiltwerden vorausliegt (n. 8).

Cusanus wirft das alles in Kürze vor uns hin. Es bleiben Fragen: Ist das Prinzip *vor* allen Gegensätzen? Dann ist es auch *vor* dem Gegensatz von teilbar und unteilbar. Er will doch zeigen: Das Unteilbare ist nicht von der Art, wie etwas, das dem Teilbaren entgegengesetzt wird. Es ist *absolut* einfach, aber das Wort „absolut" ist hier, wie bei Cusanus überhaupt, wörtlich zu nehmen: herausgelöst aus dem Gegensatz, auch dem von einfach und inhaltsreich, von ähnlich und unähnlich. Dadurch allein können dem absolut Unteilbaren eine Reihe von Prädikaten zuwachsen:

Es ist anwesender Grund von allem; es ist unteilbare Gleichheit mit allem; es ist das herausgelöste Prinzip jeder Ähnlichkeit; es ist nicht einfach, wie ein mathematischer Punkt einfach ist, sondern es ist Unteilbarkeit und alle Verbindung.

Wer auf Resultate aus ist, findet hier die alten philosophischen Umschreibungen der christlichen Lehre von der Dreieinigkeit, also der Trinität, als Einheit, Gleichheit und Verbindung: unitas (indivisibilitas), aequalitas (similitudo) und conexio. Es ist wichtig zu sehen, wie Cusanus zu diesem Ergebnis gekommen ist. Er hat kein Bibelzitat gebracht. Er gebraucht hier auch nicht den Ausdruck „Trinität". Schon gar nicht redet er von drei Personen oder von einem undurchdringlichen Geheimnis, das nur im Glaubensgehorsam anzunehmen wäre. Er will *zeigen*; wir sollen *sehen*. Er entwickelt, was wir intellektuell erfassen, wenn wir durch das Maximum, das auch das Minimum ist, den einfachen Weltgrund sehen. Von Glauben ist nicht die Rede, nur von Sehen. Wir sehen anfangsweise den Bestimmungsreichtum des absolut Einfachen. Dies war zu zeigen. Dies ist ein Beispiel der ars, die Cusanus treibt. Ars hieß Wissenschaft und Kunst. Wenn Cusanus sein Vorgehen eine ars nannte, klang das an Raimundus Lullus an, der eine neue ars, eine neue Universalwissenschaft, zu bringen versprochen hatte und der für Cusanus ein wichtiger Anreger war. Indem Cusanus seine Argumentation als ars bezeichnet, deutet er auf ihre vielfache Verwendbarkeit hin; sie muß weiter entwickelt und angewendet werden, wie die lullische „Kunst". Vor allem sagt er damit, daß seine Theorie immer auch Weltanalyse, nie nur abgetrennte „Theologie" ist, zeigt sie doch die Welt als Wechselspiel von Einheit – Vielheit, von ähnlich – unähnlich, von verbunden – getrennt.

3. Eine geometrische Einübung

Cusanus hatte wohl selbst den Eindruck, er habe seine Argumentation in *De beryllo* n. 8 zu abstrakt durchgeführt. Er erinnert sich seines Gegenübers und verspricht eine anschauliche Anleitung zum Sehen des unteilbaren Prinzips. Er bringt ein geometrisches Beispiel, das zeigen soll, *wie* wir die Einheit des absolut einfachen Grundes sehen. Es ist das erste Beispiel geometrischer Symbolik, dem wir in *De beryllo* begegnen; es zeigt deren Funktion, aber auch deren Grenzen; daher gehe ich näher auf es ein. Es fällt übrigens deutlich einfacher aus als in *De docta ignorantia.*

Cusanus wird konkret und empfiehlt: Nimm einen Halm und knicke ihn in der Mitte. Er soll eine Linie darstellen, deren Endpunkte a und b, deren Mitte c heißen soll. Die Linie soll das Prinzip darstellen; sie soll zeigen, wie sie der Grund jeder Oberfläche und jedes Winkels ist. Dazu brauchen wir nur den rechten Teil des Halms zu bewegen; über c als Mittelpunkt bewege sich also der Arm c b. Zusammen mit der ruhenden Linie c a erzeugt c b dann jeden Winkel, indem c b sich auf c a zu bewegt. Dabei entsteht kein Winkel, der so spitz wäre, daß er nicht spitzer sein könnte; es sei denn, die Teillinie c b falle zusammen mit der Teillinie c a, so daß wieder eine Gerade entsteht. Es entsteht auch kein stumpfer Winkel, der nicht stumpfer sein könnte, bis die Linie c b zusammenfällt mit c a, also wieder eine Gerade bildet.

Gezeichnet sieht das so aus:

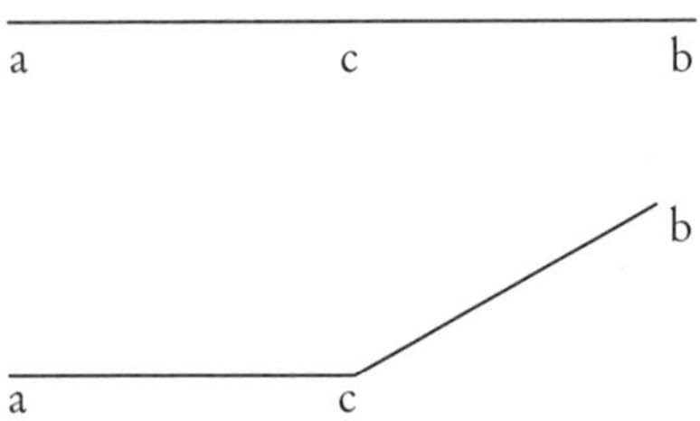

Wenden wir nun den Beryll an. Sehen wir also sowohl durch das Maximum wie durch das Minimum jedes Winkels, den wir bilden könnten. Dann bleibt der intellektuelle Blick bei keinem Einzelwinkel stehen, sondern er kehrt zur einfachen Linie zurück. Diese ist das Prinzip oder der Grund aller bildbaren Winkel; daher ist sie unteilbar, auf alle Weisen der Teilung, denen Winkel unterliegen. Auf diese Weise sehen wir mit Hilfe des Berylls im Gleichnis das absolute Prinzip. „Absolut" heißt hier wie bei Cusanus immer: der herausgelöste, den Gegensätzen (von spitzem und stumpfem Winkel zum Beispiel) nicht unterworfene Grund.

Bevor ich der Argumentation des Cusanus weiter folge, mache ich drei Zwischenbemerkungen:

Erstens: Cusanus bringt diese Überlegung als Beispiel seiner ars. Er sagt ars, und der Ausdruck ist festzuhalten. Es geht um eine „Kunst" im Sinne Lulls; das Einzelbeispiel soll vom Leser selbständig ausgeweitet und angewendet werden. Wir sollen einüben, nicht bloß lernen. Es geht um Praxis und Erfahrung, nicht um abstrakte Belehrung. Es geht um Einübung in eine Analyse, die nicht beim einzelnen Gegebenen, zum Beispiel einem bestimmten spitzen Winkel, stehenbleibt, sondern die *Entstehung* aller Winkel denkt. Der denkende Blick ruht erst, wenn er die erzeugende Bewegung und die ruhende Linie zugleich mit den möglichen Winkeln denkt.

Zweitens: Cusanus nennt sein geometrisches Lehrstück ein Gleichnis (aenigma). Die Erkenntnis des ersten Weltgrundes, die wir durch es gewinnen, nennt er eine Erkenntnis „in Spiegel und Gleichnis" (per speculum in aenigmate). Das sind Ausdrücke des Apostels Paulus aus dem ersten Korintherbrief. Aber wiederum setzt Cusanus sie in einen neuen, nicht-paulinischen Zusammenhang: Wer die geometrische Übung durchgeführt und ihren Sinn übertragen hat, *sieht* das erste Prinzip, hier und heute, nicht erst nach dem Jüngsten Tag oder nach dem Tod. Indem er das geometrische Beispiel überträgt, also „symbolisch" nimmt, läßt er es fallen; aber er kann nicht *jeden* Zeichenbezug aufgeben. Insofern freilich sieht er immer im Gleichnis.

Das griechisch-lateinische Wort „aenigma" heißt Gleichnis, sinnliches Beispiel für eine andere Erkenntnis. Man sollte das griechisch-lateinische Wort „aenigma" nicht mit „Rätselbild" übersetzen. Hier ist nichts zu *erraten.* Wir vollziehen präzis den geometrischen Ausgangspunkt und erheben uns dann, mit Hilfe des Berylls, zur Erkenntnis des ersten Grundes. Diese Erhebung des Geistes besteht darin, von der Vielzahl der verschiedensten Winkel herkommend, die Linie als den Zusammenfall des minimalen und des maximalen Winkels zu denken; sie ist Ursprung und Ende aller Winkel – wenn wir die Brechung der Linie und die winkelerzeugende Bewegung hinzudenken. Diese Einsicht ist nicht mit Rätselraten zu vergleichen. Eine solche Fehlübersetzung fördert irrationalistische Assoziationen, die bei Cusanus fernzuhalten sind. Sein Verfahren gleicht der Betrachtung eines Bildes oder dem Anhören einer Parabel. Insofern ist seine ganze Philosophie „änigmatisches" Denken. Das heißt aber nicht, daß etwas erraten werden soll, sondern daß Cusanus Zeichen erfindet, die das zeigen, was sonst nicht anschaulich gegeben ist. Cusanus nannte sein Denken „änigmatisches Wissen“ (n. 7, 11). Beide Bestandteile seines Ausdrucks sind festzuhalten: Wir bewegen uns in Zeichen; Denken heißt: Zeichen schaffen und Zeichen lesen. Aber dabei gewinnen wir Wissen (scientia); wir bleiben nicht stehen beim Glauben, Meinen, Vermuten oder gar Rätselraten.

Drittens: Die Linie, einmal gebrochen und mit einem ihrer beiden Teile in Bewegung, schafft eine unübersehbare Vielfalt von Winkeln, spitzen und stumpfen. Keiner dieser Winkel erschöpft die Kraft der Linie, Winkel zu erzeugen. Kein Winkel ist so spitz, daß er nicht spitzer sein könnte. Immer gibt es noch ein Mehr und ein Weniger. Man könnte dies das Gesetz der Variation nennen. Cusanus formuliert damit ein zugespitztes Bewußtsein der Differenz: Was in seinem Grunde einfach ist, muß als unübersehbare und variable Vielfalt in der Erscheinung auftreten. Cusanus nennt dies einmal die „Regel der docta ignorantia“ (vgl. Flasch 1998, 580). Sichtbare Dinge bewegen sich in der Bandbreite des Mehr und Weniger; sie haben nicht die Eindeutigkeit von Begriffen; sie schwanken; sie unterliegen der Abwandlung; ihnen steht immer noch ein Größeres oder Kleineres gegenüber. Indem wir den Grund (hier die Linie) vom Begründeten (hier die vielen Winkel) unterscheiden lernen, setzen wir das Feld der Erfahrung frei; wir lernen, es in seiner grenzenlosen Vielfalt und Variabilität bestehen zu lassen. Wir verhalten uns gegenüber Erfahrungswerten nicht dogmatisch; wir stellen sie schlicht fest. Wir *messen* ihren status quo und wissen, daß er weder feststeht noch der einzig mögliche ist. Wir lernen, was die Erfahrung angeht, in Gedanken – schwimmen.

Doch zurück zur geometrischen Anleitung des Cusanus, die er in *De beryllo* n. 10 folgendermaßen fortsetzt:

Ergänze die Strecke a b, indem du von ihrem Mittelpunkt c eine Linie c d ausgehen läßt. Gezeichnet sieht das so aus:

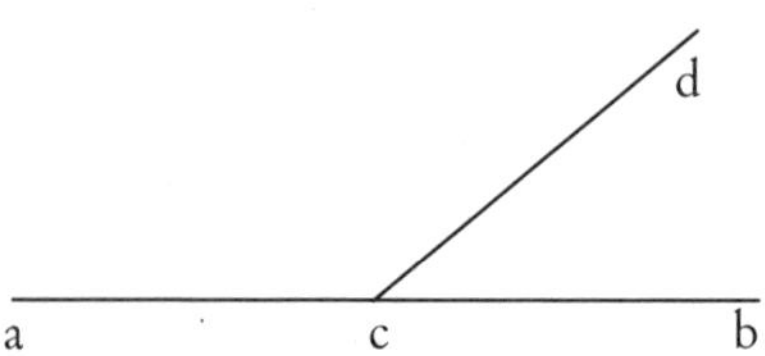

Solange nicht die Linie c d mit der Linie a b zusammenfällt, haben wir zwei Winkel. Hier gilt die Regel der Variation; sie können immer noch stumpfer bzw. immer noch spitzer sein. Ein Maximum an Winkel kann erst entstehen, wenn zugleich ein Minimum entsteht. Der Beryll lehrt uns, durch das Maximum und das Minimum zugleich zu sehen und damit die Linie als Prinzip der Winkel zu denken. Diese ist nicht steigerungs- oder minderungsfähig wie die Winkel; sie ist deren unteilbarer Grund. So lehrt uns die Winkelbetrachtung, in allem Begründeten den bleibenden und unausschöpfbaren Grund zu sehen. Wiederum steht am Ende das Sehen; nicht das Glauben, nicht das Plausibelmachen von Geheimnissen.

Das Argument dient dazu, die Einheit des Weltgrundes zu zeigen. Was aus dem Grund – der Linie – herausgetreten ist, zeigt sich als von unabsehbarer Mannigfaltigkeit. So lange wir noch zwei oder mehrere Winkel sehen, haben wir deren Grund noch nicht gedacht. Dabei kommt es Cusanus auf folgende Nuance an: Wir sehen die Winkel und denken die Linie als deren Grund. Der Übergang von den zwei Winkeln zu ihrem einheitlichen Grund erfolgt aber, hebt Cusanus hervor, nur dann sachgemäß, wenn wir sozusagen „zwischen" den zwei Winkeln und deren einfachen Grund, der Linie, den Zusammenfall des größten und des kleinsten Winkels denken. Dieser Zusammenfall ist als solcher nicht zu zeichnen; zu zeichnen sind nur die Winkel und die Linie. Wir müssen aber gedanklich diesen Zwischenschritt, also den Zusammenfall des größten mit dem kleinsten Winkel, hinzufügen. Der Grund ist zugleich das Maximum und das Minimum; nur so wird begreiflich, daß der Grund sowohl das Spitzsein der spitzen Winkel wie das Stumpfsein der stumpfen Winkel begründet. Der Grund entläßt Gegensätze; er ist zugleich ihr gegensatzloser Anfang, aber damit dieser Gedanke nicht leer bleibe, damit also die Linie nicht rein nur als Linie gedacht werde, ist der Koinzidenzgedanke einzufügen, auch wenn er in der Anschauung nicht eingelöst werden kann. Wir können keinen Winkel zeichnen, der zugleich ein Maximum und ein Minimum wäre.

Ohne die Koinzidenz zu sehen, hätten wir auf der einen Seite die vielen Winkel und auf der anderen Seite die einfache Linie. Wir würden uns beim Denken des *einen* Grundes weiter in den gewöhnlichen Gegensätzen bewegen. Setzen wir hingegen die

Koinzidenz an, dann ist die Linie auch der Zusammenfall des größten Winkels mit dem kleinsten. Dann *sehen* wir alle Winkel in der Linie, und wir sehen in allen Winkeln die Ähnlichkeit mit der Linie. Die Linie sehen wir zuletzt als den zusammengefalteten Reichtum aller Winkel; die einzelnen Winkel sehen wir als Ausfaltung der koinzidentalen Linie, die der Grund dafür ist, daß es zu jedem spitzen Winkel einen spitzeren und zu jedem stumpfen Winkel einen stumpferen gibt.

Die gesamte Überlegung samt der Winkelbetrachtung, also der Gedankenstrang von *De beryllo* n. 8–12, dient dazu, den ersten Grundsatz der Cusanischen Philosophie zu beweisen, demzufolge alles Viele aus der Einheit kommt. Aber Cusanus begnügt sich nicht damit zu sagen, alles Viele könne nur sein und gedacht werden, weil es das Eine voraussetze. Das hatte man vor Cusanus oft gesagt; er wiederholt das nicht, sondern zeigt, daß der Schritt vom Vielen zum Einen durch den Zusammenfall des Maximum mit dem Minimum hindurchgehen muß, um nicht selbst in Gegensätzen, wie sie für das Begründete charakteristisch sind, steckenzubleiben. Mit einer schlichten Reduktion – vom Vielen zum Einen – ist der Gedanke des Ursprungs nicht zu gewinnen. Wer so vorgeht, verendlicht den Ursprung und nimmt ihm seine Funktion. Die Einsicht in die Einheit des Prinzips wird nur gewonnen, wenn wir denkend durch den Zusammenfall von Maximum und Minimum hindurchgegangen sind. Nur dann können wir sehen, daß der Grund die Gleichheit mit allem Begründeten ist und daß alles Begründete die Ähnlichkeit zu seinem Grund ist. Die Zurückführung des Vielen auf das Eine verfehlt ihre Intention, wenn sie nicht durch das Sehen mit dem Beryll, durch das Sehen des Zusammenfallens von Maximum und Minimum hindurch erfolgt. Die Einsicht in das Begründetsein der Welt durch das Eine erfordert die Koinzidenz. Sie liegt – bildlich geredet – „zwischen" der Einheit und der Vielheit; sie liegt, wie Cusanus schreibt, *vor* der Zweiheit der Winkel und *nach* der einfachen Linie. Das erste Prinzip ist nicht der Zusammenfall der Gegensätze; es wird aber nur gesehen durch deren Zusammenfall hindurch (per maximum pariter et minimum). Die Frage nach dem genauen Sinn der Koinzidenz wird uns noch beschäftigen. Jetzt ist festzuhalten: Die Koinzidenz ist nicht nur eine Konsequenz des ersten Grundsatzes der Cusanischen Philosophie; sie ist auch das einzige Verfahren, diesen ersten Hauptsatz zu erreichen. Sie ist die „Brille", durch die hindurch allein der erste Grund als anwesender erfaßt und nicht nur *neben* das Begründete gestellt wird. Durch die Brille des Koinzidenzverfahrens sehen wir, daß die Linie alle Winkel bewirkt und sie auch ist. Nur so füllen wir die Einsicht in die Einheit des Weltgrundes mit den wesentlichen Bestimmungen: Der Grund ist die aus den Gegensätzen herausgelöste (absolute) Gleichheit mit allem; er enthält in sich alles (complicatio), und er entfaltet aus sich alles (explicatio). Er ist *so* die Einheit, daß er alles ist.

4. Das neue Bild der Tradition

Nachdem dies klargestellt ist, beginnt Cusanus damit, seinen Bezug zur Tradition zu präzisieren. Dies war, wie er angekündigt hatte, das zweite Ziel seiner Einleitungsschrift. Es ist charakteristisch, wen er wofür als Zeugen aufruft. Für die einfache Zurückführung des Vielen auf das Eine benennt er keine Zeugen; diese war eine fast von allen Denkern geteilte Überzeugung; dafür hätte er Platon und Aristoteles, Augustin, Boethius und Avicenna, Albert und Eckhart zitieren können. Das tut er nicht. Er braucht Zeugen für die spezifische Modifikation, die er der traditionellen Reduktion aufs Eine gegeben hat. Und dies ist vor allem die Koinzidenz; daher bringt Cusanus ein längeres Zitat aus der Schrift *Von den Gottesnamen* (*De divinis nominibus*) des Dionysius Areopagita. Cusanus, der wußte, daß dessen Identität als unmittelbarer Paulusschüler inzwischen bestritten wurde, und zwar von keinem Geringeren als dem genialen Freund Lorenzo Valla, hebt ausdrücklich und ohne Argumente hervor, Dionysius sei der Schüler des Paulus und bestätige genau das, was er, Cusanus, behaupte (n. 11): Wir sehen alles Begründete im Grund von allem. In diesem Grunde steht einförmig zusammen, was sonst gegensätzlich und feindlich sich gegenüber steht. Er enthält vereint alle Gegensätze (contraria). Dies ist die schwächere Form der Koinzidenzlehre; sie sagt, alle in den Weltdingen verteilten und dort gegensätzlichen Vollkommenheiten finden sich vereint in deren Grund. Dies zu sagen, war in der platonisch-neuplatonischen Tradition üblich. Konnte Cusanus Dionysius auch für den Zusammenfall der *Widersprüche* zitieren? Er tat dies, ohne Dionysius auf präzis-aristotelische Formulierungen festzulegen, indem er zitierte: Das Prinzip ist Grenze und ist unbegrenzt (finis et infinitus), es ist in Ruhe und Bewegung (stans et progrediens); es ist weder in Ruhe noch in Bewegung (neque stans neque se movens; vgl. Dionysius Areopagita, De divinis nominibus V 7 und V 10, lat. 185, 189/dt. 71 f., 74; Flasch [2]2000, 85–91). Cusanus gibt zu verstehen: Dann muß man vom ersten Grund sowohl sagen, daß er ruht und zugleich sich bewegt, ferner daß er zugleich weder ruht noch sich bewegt. Dann lassen sich widersprechende Sätze nicht vermeiden. Sie sind ein unentbehrlicher Durchgang, wie das Zusammenfallen des maximalen und des minimalen Winkels. Cusanus spricht diese Folgerung nicht sofort aus; er beschränkt sich darauf, sein geometrisches Beispiel und dessen Ergebnis unter den Schutz des großen Dionysius zu stellen. Er verfolgt es ein wenig weiter: Wer die Linie als Ursprung der Winkel begriffen hat, weiß, daß sie die wahre Wirklichkeit, der actus, aller bildbaren Winkel ist. Da sie die unteilbare Zusammenfaltung (complicatio) aller Winkel ist, kann man sie ebensogut mit dem Namen eines dieser Winkel als mit dem Namen aller nennen. Sie ist weder ein spitzer noch ein rechter noch ein stumpfer Winkel; als der Grund dieser Winkel kommen ihr die Bestimmungen des von ihr Begründeten nicht zu.

Und jetzt wieder der Rückbezug auf die Autoritäten: Mit Recht negiere, wie Proklos berichte, Platon alle Bestimmungen des Prinzips, und deswegen ziehe „unser Dionysius", d.h. der platonisierende Christ Dionysius, die negative Theologie der positiven vor (n. 12). Cusanus leitet also aus seiner geometrischen Hinführung den Vorrang der negativen Theologie ab und stützt ihn auf den mit Proklos gedeuteten Platon und auf Dionysius, dessen direkte Abhängigkeit von Proklos seit 1900 philologisch bewiesen ist, während Cusanus noch annehmen konnte, Proklos habe seine Weisheit von dem Apostelschüler Dionysius. Cusanus hat sich intensiv mit dem *Kommentar* des Proklos zum Platonischen *Parmenides* beschäftigt und fährt fort, sein Ergebnis in dessen Sinn zu präzisieren: Der beste Name des göttlichen Grundes sei „das Eine". Die Bestimmung „Eines" (unum) sei nicht als Zahlwort gemeint, schon gar nicht als ein gezähltes Einzelding (singulare), sondern bezeichne jenes Eine, das schlechthin unteilbar ist und ohne jede Zweiheit zu denken sei. Alles Begründete, das aus ihm hervorgeht, kann ohne Zweiheit weder sein noch erkannt werden. Alles, was welthaft ist, ist *auch* ein Eines. Es *ist* nur, weil es eines ist. Aber es ist immer ein Eines mit Hinzufügung (unum cum addito), also etwa *ein* Baum, *eine* Substanz usw. Solche stets trennbaren, also teilbaren Eine sind immer mit Vielheit verbunden und können nur mit ihr erkannt werden. Nicht so das herausgelöste, das absolute Eine. Es duldet keine Hinzufügung; deswegen muß es mit allen Namen und darf zugleich mit keinem Namen benannt werden, wie Hermes Trismegistus richtig sage. All dies lehre das geometrische Beispiel (n. 13).

Damit ist die Argumentation für den ersten Grundsatz des Cusanischen Denkens abgeschlossen. Sie besteht aus drei Elementen: Sie beginnt mit einer abstrakten Überlegung zum Ursprung alles Großen und Kleinen in einem unteilbaren Grund, der als Größtes und Kleinstes zugleich gedacht werden muß (n. 8); sie verdeutlicht diesen Gedanken an der zweistufigen Winkelbetrachtung (n. 9–10); sie zieht die Konsequenzen aus dieser Einheit mit dem Begriffspaar complicatio – explicatio und mit dem Vorrang oder gar der Alleingültigkeit der negativen Theologie (n. 12); sie schließt ab mit der Erklärung, der beste Gottesname sei „das Eine", „Eines" nicht als Zahlwort, sondern als das aus aller Vielheit herausgelöste Eine, das mit allen und mit keinem Namen benannt werden könne.

Zurückblickend kann man noch einmal fragen, warum wir ein Maximum und ein Minimum denken und beide zusammenfallen lassen sollen. Wir finden gegensätzliche Weltdinge vor; wir versuchen, sie nicht als festen Seinsbestand, sondern aus der Bewegung ihrer Entstehung aus dem Einheitsgrund zu denken. Dann darf der denkende Blick sich nicht an ein Einzelnes heften; er muß aber, um die Allwirksamkeit des Grundes denken zu können, die Gegensätze nach beiden Richtungen in ihre Extreme verfolgen, ohne zu vergessen, daß er ihre Einheit suchte. Sie sind nicht unabhängig voneinander. In ihrer empirischen Form bleiben sie verschieden und bestimmen ein unübersehbares Feld der Abwandlungen, aber dabei bleibt das Denken nicht stehen; es realisiert die Einsicht in ihre Einheit, indem sie ihre Extreme in eins setzt. Nur dann ist diese Einheit auch „gefüllt"; nur dann *sehen* wir, wie das Gegensätzliche ihr ähnlich sein kann und wie das Getrennte in ihr und von ihr immer schon verknüpft ist. *Daher* steht der Einheit nichts gegenüber; sie ist die *Ähnlichkeit* mit allem.

„Einheit“, in diesem qualifizierten, in diesem „lebendigen“ Sinn, nicht „Sein“, ist die grundlegende Bestimmung; dies war ein klarer Bruch mit aller aristotelisierenden Onto-Theologie. Um diese Folgerungen rankt Cusanus einen Kranz von Zeugen, die alle mit der Parmenides- und Platondeutung des Neuplatonikers Proklos zusammenhängen; denn auch der Name des Hermes Trismegistus oder Hermes Mercurius bezieht sich auf eine neuplatonische Schriftengruppe der Spätantike. Cusanus allerdings hielt sie für sehr viel älter und hatte ihr schon früh attestiert, sie enthalte fast die ganze Wahrheit, auch die des Evangeliums (vgl. Flasch 1998, 23–31)

Indem Cusanus gerade diese Autoritäten zusammenstellte, indem er Augustin, Thomas von Aquino und alle anderen mittelalterlichen Theologen umging, die ihm nicht zugestimmt hätten, daß „das Eine“ der geeignetste Gottesname sei und daß die negative Theologie einen Vorrang vor der positiven beanspruchen müsse, formulierte er ein kulturelles und kirchenpolitisches Programm, allerdings eines, das sich esoterisch an einen reformwilligen kleinen Kreis richtete: Zurück zur antiken Philosophie, zu Hermes, zu Anaxagoras, zu Parmenides – Platon – Proklos, deren Erbe der Christ Dionysius fortgeführt habe. Die Namen des Parmenides und des Anaxagoras und die Anspielungen auf den conditor intellectus des Platonischen *Timaios* schaffen eine intellektuelle Atmosphäre, die man etwas plakativ die „christliche Renaissance des 15. Jahrhunderts“ nennen könnte. Es war dies eine „Renaissance“, die sich zu wesentlichen Eingriffen in die Traditionssubstanz veranlaßt sah. Sie wußte, daß sie nicht in der bloßen Wiederholung antiker oder auch spätantik-christlicher Formeln bestehen konnte. Um sich die größten Einsichten der Antike anzueignen, bedurfte es grundlegender Neuerungen, vor allem der Einführung des „Beryll“.

II. Zweiter Hauptsatz: Was ist, ist Wahrheit oder deren Ähnlichkeit

1. Sein in sich – Sein im andern

Der zweite Grundsatz der Cusanischen Philosophie lautet: Alles, was ist, ist entweder wahr oder dem Wahren ähnlich. Was nicht wahr oder dem Wahren ähnlich ist, kann auch nicht sein (De ber. n. 5).

Cusanus bietet eine fundamentale Unterscheidung an: Sein in sich – Sein in einem anderen. Letzteres ist Sein in und durch Ähnlichkeit (similitudo). Es geht dabei um die Erklärung von Andersheit: Anders ist alles, was in einem anderen ist. Was in einem anderen ist, ist dort aufgrund von Ähnlichkeit. Was in sich selbst ist, ist dort in Wahrheit. Daher ist alles, was ist, entweder Wahres oder Wahrähnliches.

Cusanus erläutert seinen Grundsatz durch ein Beispiel: Wärme kann entweder in sich sein oder in einem gewärmten Gegenstand. Das Warm-Sein ist in der Wärme in seinem wahren Sein, im gewärmten Gegenstand ist es in Andersheit aufgrund von Ähnlichkeit. Ähnlichkeit ist Einheit in Andersheit.

Dieses Beispiel ist für den heutigen Leser nicht eindeutig. Ohne besondere Vorbereitung wäre er geneigt, sich ein Feuer vorzustellen und einen Topf, den dieses Feuer erwärmt. Er hätte Schwierigkeiten zu sehen, daß der Topf durch die Erwärmung dem Feuer „ähnlich" wird, daß die Wärme im Feuer als in ihrem wahren Sein soll und im Topf als in einem anderen. Wir haben heute andere Begriffe von Kausalität als den der Erzeugung eines Ähnlichen in einem anderen.

Die Vorbereitung, die hier unerläßlich scheint, ist eine minimale Kenntnis der Platonischen Texte, vor allem des *Phaidon*. Platon führt dort folgendes Beispiel vor: Du siehst mehrere Hölzer. Du nennst zwei Hölzer „gleich". Siehst du genau hin, entdeckst du an ihnen Ungleichheiten. Sie sind nicht im strengen Sinne „gleich"; sie nähern sich der Gleichheit an. An ihnen gilt das Gesetz der Variation, also der unabsehbaren Abweichungen, das Cusanus die „Regel der docta ignorantia" genannt hat. Wenn du Hölzer, die immer auch ungleich sind, als „gleich" bezeichnest und dabei an eine Annäherung an die Gleichheit denkst, dann mußt du einen Begriff von Gleichheit haben, der eindeutig ist und der nicht selbst wiederum dem Gesetz der unübersichtlichen Variationsbreite untersteht. Du mußt die „Gleichheit an sich" kennen, um einzelne Hölzer als „gleich" bezeichnen zu können. Diese Überlegung führt zur Ideenlehre des „mittleren Platon". Sie hat bei abstrakten Bestimmungen wie „gleich – ungleich", „eines – vieles", „identisch – verschieden" eine gewisse Plausibilität. Läßt sie sich aber auch auf empirische Begriffe wie „Wärme" ausdehnen? Dies ist problematisch, aber die platonische Tradition hat es getan. Wenn Cusanus vom „Warmen an sich" (calidum in se) spricht, wenn er behauptet, in ihm sei das Warme in seinem wahren Sein (in suo vere esse), dann denkt er nicht an ein empirisches Herdfeuer, sondern an den reinen Begriff der Wärme, dem jedes einzelne Feuer und jeder erwärmte Topf auf seine, immer inadäquate Weise ähnlich sei. Damit erklärt Cusanus, was bei ihm In-sichselbst-sein und was In-einem-anderen-sein heißt; er macht verständlich, wieso Ähnlichkeit die Einheit in der Andersheit darstellt. Der zweite Cusanische Grundsatz sagt also: Alle Wirklichkeit besteht entweder aus den reinen Bestimmungen – sie sind das Sein-in-sich – oder aus Gegenständen der Erfahrung, in denen sich reine Bestimmungen überlagern oder mischen. Sie bilden das Feld breiter Variation, aber sie sind mit den Bestimmungen, die an ihnen unrein vorkommen, verbunden durch das Band der Ähnlichkeit. Was warm ist, trägt immer noch andere Bestimmungen; es ist z. B. schwer oder rotglühend, aber es ist warm aufgrund der Ähnlichkeit mit der „Wärme selbst".

Zu dieser Argumentation nur zwei Bemerkungen:

Erstens. Solange man sich Wärme und Erwärmung nicht als Molekülbewegung mechanisch erklären konnte, waren die älteren primitiv-mechanistischen Erklärungen unbefriedigend. Ihnen gegenüber mochte es sinnvoll erscheinen zu sagen: Solange ich die Entstehung von Wärme nicht verbindlich erklären kann, begnüge ich mich mit der Formulierung, der Topf erhalte „Anteil" an „der Wärme". Ich weiß, daß dies meine sprachlich-gedanklichen Festlegungen sind, die ich den Erscheinungen zugrunde lege und die so lange gelten, als sie die Abwesenheit einer Erklärung bezeichnen. Zudem erlauben sie mir zu behaupten, der Topf werde durch Erhitzen wärmer, was eine Skala des Wärmer- und Weniger-Warm-seins mit einem eindeutigen Normwert voraussetzt.

Zweitens: Welchen Begriff von Sein, von In-sich-Sein und Im-anderen-Sein setzt Cusanus voraus? Noch sind wir bei der ersten, bewußt knappen Präsentation seines zweiten Axioms, aber schon wird deutlich, daß er einen selektiven Begriff von Sein voraussetzt. Sein, das ist ihm „wahres Sein", das ist das In-sich-Sein einer reinen Bestimmung, wie „Wärme an sich". Sein ist wahres Sein, weil „Sein" als In-sich-Sein und In-sich-Sein als „Idee" definiert wird, auch wenn dieser Ausdruck hier nicht fällt. Der zweite Grundsatz sagt dann: Was wirklich ist, das ist entweder reine Bestimmung, also Idee oder deren Nachbildung in der sinnlichen Welt; diese ist als Annäherung oder als Ähnlichkeit zu denken. Cusanus vereinfacht hiermit die etwas kompliziertere Hierarchie von De coni. I 4 n. 15, wo den Stufen
deus – intellectus – anima – corpus die Stufen
veritas – verum – verisimile – confusio entsprechen.

Dies ist übrigens ein weiteres Argument dafür, daß „verum" sich auf die intellektuell erfaßten Ideen, „verisimile" auf die rational geformte Sinnserkenntnis bezieht, vgl. auch De coni. II 9 n. 117.19.

Cusanus wäre nicht Cusanus, hätte er es bei dieser simplen Reproduktion der Ideenlehre des *Phaidon* belassen. Er geht weiter und beschreibt nach den beiden Modi des Seins (in sich – in anderem, im wahren Sein – in Ähnlichkeit sein) drei Weisen des Erkennens. So wie er in Axiom 1 die traditionelle Reduktion des Vielen auf das Eine mit der Lehre von der Koinzidenz auf eine neue Stufe gehoben hat, so skizziert er nun in thesenhafter Kürze eine Theorie der Wechselwirkung von Erkennen und Erkannten.

Erkennen ist Im-anderen-Sein. Erkennen findet statt in unaufhebarer Differenz, und die drei Erkenntnismodi, die Cusanus unterscheidet, differenzieren sich danach, was in welchem anderen ist. Es gibt die sinnliche Erkenntnis; auch sie beruht bereits, wie Cusanus knapp behauptet, ohne es auszuführen, auf Wechselwirkung: Das sinnlich Wahrnehmbare ist in der Sinneswahrnehmung durch ein sinnliches Erkenntnisbild (species sensibilis), also aufgrund von Ähnlichkeit (similitudo); dies war gängige Lehre der

Aristoteliker, aber Cusanus ergänzt sie: Auch die sinnliche Wahrnehmung ist im Wahrnehmbaren, nicht aufgrund eines wahrnehmbaren Erkenntnisbildes, einer species sensibilis, sondern aufgrund eines erkenntnis*bewirkenden* Bildes, einer species sensitiva. Das heißt: Erkenntnis ist die Einheit von Erkennbarem und Erkenntnisakt; schon die sinnliche Erkenntnis ist nicht rein passiv; im Erkannten, sofern es ein Erkanntes ist, wirkt auch die sinnliche Erkenntniskraft prägend. Sie war schließlich, auch nach Ansicht der Aristoteliker, eine Aktivität der Seele, also nie reine Rezeptivität. Das Sehen wählt unter allem Wahrnehmbaren das Sichtbare aus und prägt die aktuelle Sehwahrnehmung vor. Es war keine Neuerung des Cusanus, die sinnliche Wahrnehmung als mitprägende Aktivität zu denken; dies ließ sich aus dem Buch des Aristoteles über die Seele herauslesen, und es war schon die Lehre Plotins, Augustins und mancher mittelalterlicher Augustinisten.

Die nächste Stufe der Erkenntnis ist die des Geistes. Sie wiederum hat zwei Formen, die einer niederen und die einer höheren Vernunft. Ich gehe auf diese Differenz innerhalb der geistigen Erkenntnis hier nicht näher ein; es genüge zu sagen, daß Cusanus meist insgesamt drei Erkenntnisstufen kennt: die der Sinne, die des Verstandes (der ratio) und die der Vernunft (intellectus). Gelegentlich, wie in *De beryllo* n. 5, bedient er sich einer anderen Terminologie, sagt aber hinzu, dadurch sollen wir uns nicht verwirren lassen. Daher können auch wir uns diese Variante schenken. Wichtig ist: Jede Art der Erkenntnis ist eine Korrelation. Keine Erkenntnis ist eine einseitige Verursachung durch das Erkannte im Erkennenden. Schon die Terminologie des Cusanus ist charakteristisch: Es gibt die sensibile, wahrnehmbare, aber auch die sensitive, die wahrnehmungserzeugende Seite. Es gibt die intelligible, aber auch die intellektive, die Vernunfterkenntnis erzeugende Seite. Beide Seiten kommen im Akt der Erkenntnis zusammen. Das geistig Erfaßbare ist in der Vernunft durch seine intellekthafte, durch Vernunft erfaßbare Ähnlichkeit (intelligibile in intellectu per suam intelligilem similitudinem) Die Vernunft ist im Vernunftinhalt (intellectus in intelligibili) aufgrund ihrer Vernunfterkenntnis bewirkenden Ähnlichkeit (per suam intellectivam similitudinem; zur zugrundeliegenden Korrelativenlehre des Raimundus Lullus vgl. Flasch ^{2}2000, 437–450).

2. Ähnlichkeiten

Das Sein ist entweder in sich oder in dem, was ihm ähnlich ist. Es ist das Wahre selbst oder dessen Ähnliches. Die verschiedenen Erkenntnisweisen sind wechselseitige Spiegelungen des Ähnlichen. Dies ist das Ergebnis der ersten Präsentation des zweiten Hauptsatzes der Philosophie des Cusanus (n. 5). Alles beruht auf der Gleichsetzung von Wahrheit und Sein und auf der universalen Funktion der Ähnlichkeit. Sobald Cusanus darangeht, diese zunächst nur aus didaktischen Gründen abgekürzte These näher zu begründen (n. 14ff.), widmet er sich daher diesen zwei Bestimmungen genauer: Ähnlichkeit (similitudo) und Wahrheit (veritas). Cusanus greift dazu seine Betrachtung des Winkels wieder auf: Jeder mögliche Winkel muß von sich sagen, daß er nicht die Winkelwahrheit, die veritas angularis, ist. Was heißt das? Dabei unterdrücke ich die Bemerkung, daß geometrische Gebilde wie Winkel selten etwas „sagen". Aber bei Cusanus gesteht der Winkel, daß er auch größer oder kleiner sein kann, daß er sich auf dem unabsehbaren Feld der Varianten befindet und daß er nicht ausschöpft, was im Winkelsein als Möglichkeit liegt. Kein gegebener Winkel verwirklicht das, was ein Winkel alles sein kann. Wo Variation und mögliches Anderssein herrscht, ist das Wesen einer Sache, hier: des Winkel-Seins, nicht vollkommen realisiert. Die Wahrheit einer Sache aber wäre, daß sie alles wäre, was sie sein kann. Wahrheit ist die vollkommene Realisierung einer Wesensstruktur. Hier ist Wahrheit nicht die Eigenschaft eines Urteils, sondern der allem Urteilen vorausliegende Inbegriff einer Sache. Für den Winkel heißt das: Die Wahrheit aller Winkel ist die Linie, sofern sie der größte und der kleinste Winkel zugleich ist. Also nicht einfach: die Linie als Prinzip. Sondern genauer: die Linie, die als Prinzip zugleich der größte wie der kleinste Winkel ist, die deswegen alle Winkelmöglichkeiten in sich verwirklicht. Sie kann nicht anders sein, als sie ist. Daher ist sie die völlig einfache, aber alle Winkel enthaltende Winkelwahrheit, veritas angularis. Sie ist, da sie nicht anders sein kann, von innerer Notwendigkeit. Sie ist der Winkel, wie er „in sich" ist; sie ist der Winkel an sich. Jetzt erklärt sich der Ausdruck des An-sich-Seins, den Cusanus zuvor (De ber. n. 5) mit dem eher irreführenden Beispiel der Wärme-an-sich eingeführt hatte: Der Winkel an sich, das ist der alle Winkelmöglichkeiten ausschöpfende und in sich verwirklichende Winkel, also der Winkel, der zugleich der größte wie der kleinste Winkel ist. Der Winkel an sich ist kein nur faktisch vorkommendes Exemplar, sondern er schöpft alle seine denkbaren Möglichkeiten aus; er ist die Winkelwahrheit, die jeder gezeichnete Winkel nachahmt, aber nie erreicht, weil er immer wieder von Zufällen und Variationen betroffen werden kann. Der Winkel an sich, das ist der gedachte, aber der koinzidental gedachte Winkel, also die Linie, die zugleich der größte und der kleinste Winkel ist. Damit erklärt Cusanus noch einmal die Begriffe von In-sich-Sein und In-einem-anderen-Sein. Jeder Winkel, den wir bilden oder zeichnen, ist ein Winkel in einem anderem. In jedem Winkel, der in einem anderen ist, ist der wahre Winkel als in seiner Ähnlichkeit. Damit klärt sich mithilfe der geometrischen Hinführung der Zusammenhang der Begriffe: In-sich-Sein, In-einem-anderen-Sein und Ähnlichkeit.

Ich habe mich vorhin über den Ausdruck des Cusanus mokiert, ein geometrisches Gebilde „sage" etwas. Aber in *seinem* philosophischen und allgemein-kulturellen Kontext hat diese Ausdrucksweise guten Sinn. Denn die Argumentation soll zeigen, daß alle Winkel von dem *einen* Grund herkommen, der zugleich der größte und der kleinste Winkel ist. Sie soll damit Einsicht verschaffen in das Herkommen aller Dinge aus dem göttlich Einen. Sie zeigt philosophisch die Wahrheit dessen, was volkstümlich ausgedrückt wird in den Worten: Gott erschuf Himmel und Erde. Sie verwandelt den Schöpfungsglauben in Wissen; daher zitiert Cusanus die Stelle Augustins aus den *Confessiones* (X 6, 9): Wenn der Mensch die Weltdinge fragt, ob sie Gott seien, dann antworten sie, indem sie sich als wandelbar erweisen: Wir sind es nicht, denn wir haben uns nicht selbst gemacht, sondern *er* hat uns gemacht.

Wer der Argumentation zu den beiden ersten Axiomen des Cusanus gefolgt ist, weiß, daß das erste Prinzip, das volkstümlich „Gott" genannt wird, alle Dinge begründet. Er *weiß* dies, er *glaubt* es nicht nur. Aber die Art dieses Wissens ist sehr eigentümlich; sie muß erklärt werden. Cusanus gebraucht dazu wieder seine Winkelbetrachtung: Wir sehen einen gezeichneten Winkel. Wir sehen, daß er nur einer von vielen möglichen Winkeln ist. Wir sehen, daß er nicht der maximale Winkel ist, der zugleich der minimale ist. Wir sehen, indem wir den gezeichneten Winkel betrachten, in ihm auf negative Weise den maximalen Winkel. *Negativ sehen*, dies ist die bemerkenswerte Formel des Cusanus. Natürlich kann nicht die Wahrnehmung negativ sehen. Die Formel deutet auf die Eigenheit der Vernunft. Sie bezeichnet wirkliches Wissen, wie Cusanus (n. 15) eigens zweimal hervorhebt. Wir *sehen* den sichtbaren Winkel und *sehen* in ihm den zugleich größten und kleinsten Winkel; wir wissen von diesem Maximum = Minimum, daß es die Totalität und die Vollkommenheit aller bildbaren Winkel in sich enthält; wir wissen, daß dies Maximum = Minimum der innerste Mittelpunkt und der alles umfassende Umfang ist. Wir wissen es mit Gewißheit, aber einen Begriff vom Wesen dieses Winkels, der zugleich der größte und der kleinste ist, können wir nicht bilden, denn weder Wahrnehmung noch Einbildungskraft noch Vernunft können ein Maximum wesenhaft erfassen, das zugleich ein Minimum ist.

„Sehen in Spiegel und Gleichnis", das heißt bei Cusanus: hier und jetzt sehen, aber negativ sehen. Negatives Sehen ist wirkliches Sehen, das mit der sinnlichen Erfahrung beginnt. Es soll keine abstrakte Spekulation bleiben, dazu dient ja die Winkelanalyse. Es ist Wissen, aber kein ausschöpfendes Wesenswissen; es ist wissende negative Theologie. Es ist Wissen unseres Nicht-Wissens. Dies ist die bleibende Wahrheit der Stufe von *De docta ignorantia,* auch wenn wir in *De beryllo* lernen, durch den Zusammenfall des Größten und des Kleinsten *hindurch*zusehen, *per* maximum pariter et minimum zu sehen: Sofern das Maximum das Minimum ist, erfaßt keine Wahrnehmung, keine Vorstellungskraft und keine Vernunft sein Wesen, kann kein Mensch weitere Prädikate aus dem erkannten Wesen ableiten. Damit haben wir wieder einen Argumentationskreis abgeschritten (n. 15). Er führt zu dem Resultat zurück: Platon hatte recht, vom Prinzip alle Prädikate zu negieren (n. 12).

Damit hat Cusanus sein zweites Axiom begründet: Was ist, ist entweder in sich und in Wahrheit oder es ist im anderen und damit in Ähnlichkeit. Nachdem Cusanus sein Ergebnis erreicht hat, geht er an die zweite Aufgabe seiner Einleitungsschrift, an die sichtende Bezugnahme auf die Tradition. Dieser Gang zu den Quellen fällt diesmal umfangreich und pointiert aus; diese Passagen (n. 16–32) gehören zum Wichtigsten, was Cusanus geschrieben hat; aber ein wenig verliert er sich auch bei seiner Bestandsaufnahme und Bewertung der Meister. Cusanus hat selbst bemerkt, daß ihm die Gliederung des Buches nicht recht gelungen ist (n. 71). Zum Beispiel hat er seinen dritten und vierten Hauptgrundsatz nicht ähnlich reich historisch illustriert wie den zweiten, aus dessen Dossier ich nun auswählend einige Überlegungen des Cusanus mitteile. Ich folge ihm auch darin, daß er historische Ortung und systematisches Argumentieren nicht strikt auseinanderhält.

3. Politische Metaphysik

Wie das Beispiel mit der „Wärme an sich" und den geometrischen Objekten „an sich" gezeigt hat, bewegt sich das Denken des Cusanus öfter in den Bahnen des Platonischen *Phaidon*; der weltbegründende Intellekt (conditor intellectus) stammt aus dem Platonischen *Timaios*, dessen Spuren auch sonst auffindbar sind. Aus dem zweiten Platonischen Brief, den Cusanus ebenfalls zusammen mit der Auslegung des Proklos las, entnahm Cusanus nicht nur die Aufforderung zur Geheimhaltung (n. 16), sondern auch eine Art politischer Metaphysik: Wie alles im ersten Prinzip ist, dies erläutert Cusanus mit Platon-Proklos aus der politischen Welt. Der König vereine in sich alle gesellschaftlich-politischen Dinge; alles Gute sei in ihm konzentriert; alles stamme von ihm und habe ihn zum Ziel. Was im Gemeinwesen verteilt vorkommt – Fürsten, Grafen, Ritter, Soldaten, Richter, Gesetze, Maßeinheiten – *ist* im König; es ist im König als der König selbst; es ist im König *Leben.* Noch monarchischer: Alles, was im Gemeinwesen sein kann, existiert actu in ihm. Alles, was im Gemeinwesen Sein und Namen hat, hat alles von ihm und um seinetwillen. Auch Aristoteles vergleiche das Universum mit einem Heer, das von seinem Führer die Form erhält und für ihn existiert. So wie die geschriebenen Gesetze im Fürsten ein lebendiges Gesetz sind, wie sie im Fürsten er selbst sind, so sind alle Begründeten im Ersten *Leben*. In ihm ist die Zeit als Ewigkeit, das Geschaffene als Schöpfer (n. 16).

Die Monarchie dient hier als Vergleich, ähnlich wie zuvor der gezeichnete Winkel. Die Intention ist nicht unmittelbar politisch. Dennoch ist bemerkenswert, daß Cusanus mit Hilfe Platons, des

Aristoteles (*Metaphysik* XII) und des Proklos eine politische Metaphysik skizziert, die auf einen fast absoluten Monarchen hinausläuft. Dies geschieht durch einen dem Papst nahestehenden Kirchenfürsten, und zwar im selben Jahr, in dem der Papst offiziell das Ende des Konziliarismus verkündet, den der junge Cusanus mit historischen, juristischen, philosophischen und theologischen Argumenten verteidigt hatte (*De concordantia catholica*). Das Papsttum war gerade dabei, sich in folgenreicher Weise als Monarchie zu restituieren, parallel zu den weltlichen Monarchien, die sich allmählich zu absolutistischen Herrschaften entwickelten. In dieser Situation war die Einheitsmetaphysik nicht ohne politische Konnotationen. Cusanus hebt auffallend die allumfassende Macht des Fürsten hervor; er ist das lebende Gesetz; er ist Grund und Ziel des Gemeinwesens. Es wäre ein Anachronismus, von Cusanus die Gewaltenteilung zu verlangen. Aber Cusanus selbst hatte 25 Jahre früher das Gemeinwesen auf die soziale Natur des Menschen und auf den Konsens der Betroffenen gegründet; 1458 ist vom Konsens nicht mehr die Rede; zwei Jahre später wird der Freund des Cusanus in der Bulle *Execrabilis* jeden Appell an ein Konzil als einen abscheulichen Schaden für das christliche Gemeinwesen bezeichnen und strikt verbieten. Diesen pestbringenden Virus, sagte der Papst, wolle er endgültig aus der Kirche vertreiben.

4. Ideen

Die Wärme an sich, der Winkel an sich, das sind Beispiele fur Ideen. Wem dies nicht schon beim ersten Lesen klar wird, dem erklärt es Cusanus in seinen historischen Dossier (n. 17). Er sammelt eine Vielzahl von Stimmen, die behaupten, die Wahrheit teile allen Wesen durch die Ähnlichkeit mit ihr das Sein mit (veritatem per suam similitudinem omnibus tribuere esse). Dies lehre Albert in seinem *Kommentar* zu dem Werk des Dionysius über die *Göttlichen Namen*. Das Fremdartige dieser These ist festzuhalten: Die Wahrheit ist nicht das Bild des Seins; sie prägt erst das Seiende als Sein, indem sie ihm Ähnlichkeit mit ihr, der Wahrheit, gewährt. Das Seiende wird von der Idee her gedacht, nicht umgekehrt. Albert, sagt Cusanus an anderer Stelle, bilde (fingit) eine „absolute

Wärme", und lehre von ihr, alle warmen Gegenstände hätten an ihr in Ähnlichkeit teil (n. 27). Darin stimmten auch Aristoteles und Averroes mit Platon überein. In diesem wichtigen Punkt bestehe kein Gegensatz zwischen ihnen. Denn Aristoteles kenne drei Arten von Gründen, den effizienten, den formalen und den finalen. Der formale sei nichts anderes als der exemplarische: Gott habe die Urbilder aller Dinge in sich. Diese Urbilder seien die Wesensgründe (rationes). Die Theologen nennten diese Wesensgründe „Willensakte" oder auch „Urbilder", aber im ersten Intellekt sei der Willensakt die Vernunft und der Wesensgrund (ratio) selbst. Die Ideenlehre präzisiert den Lehrpunkt des Cusanus, daß die Wahrheit alles ist, was überhaupt sein kann, daß sie die Fülle aller Möglichkeiten actu ist, und daß sie als Ähnlichkeit in größerer oder geringerer Annäherung von den Weltdingen abgebildet wird. Und zwar in den Rangstufen des Universums: Sein, Leben, Intellekt (n. 18).

Cusanus hat zwar manche kosmologischen Hierarchien abgebaut; er hat vor allem den qualitativen Unterschied von infralunarischer und supralunarischer Physik verworfen. Aber das hatte bereits Wilhelm von Ockham getan. Cusanus hat an der exakten Mittelstellung der Erde im Kosmos gerüttelt und damit zwar nicht, wie immer wieder fälschlich behauptet wird, das mittelalterliche Weltbild seines Zentrums beraubt, wohl aber die Erde von dessen unterster und verächtlicher Stufe entfernt; und die Erde den Sternen gleichgestellt, aber er kannte seinerseits Hierarchien und versuchte, sie mit Hilfe seiner Winkelbetrachtung neu zu begründen, etwa die Rangfolge von Sein, Leben, Intellekt. Er kannte vor allem die Differenz von Idee und Ideat, von Einem und Vielem, von In-sich-Sein und In-einem-anderen-Sein, von Einfaltung und Ausfaltung, von Sinneserkenntnis, Verstand und Vernunft – Differenzen, die allesamt von der Ähnlichkeit wieder zur Einheit geführt werden.

5. Intellekt – Seele – Natur – Körper

Für Cusanus war die Koinzidenzlehre alles andere als eine rein theologische Spekulation. Wenn Maximum und Minimum zusammenfallen, muß durch Analyse des jeweiligen Minimums das zugehörige Maximum erforschbar sein. Die Koinzidenzlehre wird dadurch zu einem universalen Erkenntnisverfahren. Sie ist nicht nur ein Mittel zur Erkenntnis des göttlichen Einen. Für ihre kosmologische Verwendung gibt Cusanus mehrere Beispiele. Ich greife eines heraus (n. 21–23):

Cusanus versuchte, das Maximum, diesmal das Gesamt der Körperwelt, aus dem Minimum, nämlich dem Punkt, abzuleiten. Dies war nicht ganz so originell, wie es heute scheinen mag, denn bereits Platon hatte zur Freude der heutigen Physik-Theoretiker (W. Heisenberg, C. F. von Weizsäcker) im *Timaios* die Körper aus geometrischen Figuren entstehen lassen; neu ist die Korrelation von Minimum und Maximum: Wenn das Eine sich zeigen und mitteilen will, dann schafft es von sich eine Ähnlichkeit, nämlich den Punkt. Der Punkt ist eine Einheit, die einem Kontinuum mitteilbar ist; die Seinsweisen des Kontinuums sind Linie, Fläche und Körper. Wenn wir den Körper denkend untersuchen, finden wir nichts als den Punkt; er ist die Ähnlichkeit des Einen.

Cusanus hat den Wert dieser Art von Analyse nicht allzu hoch eingeschätzt. Denn er fährt fort: Vom Menschen aus könnten wir uns einen wahrheitshaltigeren Begriff vom Universum bilden; wir können in der Minimalform des Mikrokosmos den Makrokosmos sehen. Denn im Menschen lernen wir die wesentlichen Seinsstufen kennen. Im Menschen finden wir den Intellekt, der das Höchste des Verstandes (ratio) ist. Er ist vom Körper „getrennt und durch sich selbst wahr“ (separatum et per se verum). Dies sind starke Worte, die die Einheit des menschlichen Wesens aufs Spiel setzen, denn Cusanus beschreibt den Intellekt als eine abgetrennte, für sich selbst existierende und aus sich wahre Idee. Aber der Intellekt teilt sich mit. *Als* Intellekt ist er nicht mitteilbar, wegen seiner Universalität und Unteilbarkeit; Cusanus zeigt sich keineswegs darum bekümmert, ob er individuell sei; an ihm in seiner Eigenheit als Universalität kann sonst nichts teilhaben. Er teilt sich mit in der Stufenfolge: Seele – Natur – Körper. Er begründet eine Ähnlichkeit von sich in der Seele, die lebt. In der sinnlichen Erkenntnis der Seele zeigt sich daher eine Ähnlichkeit mit dem Intellekt; dieser Nobilitierung der Sinneserkenntnis sind wir bei Cusanus bereits begegnet: Die Sinneserkenntnis wird verkannt, wird in ihr nicht die Teilhabe an der geistigen Erkenntnis gesehen. Durch die Seele teilt der Intellekt sich der Natur mit, durch die

Natur dem Körper. Die Seele nimmt eine Doppelstellung ein: Einerseits ist sie Ähnlichkeit des Intellekts; andererseits tritt sie in die Natur ein und bildet den Körper. Als Ähnlichkeit des Intellekts hat sie eine gewisse Universalität der Wahrnehmung; sie kann alles wahrnehmen, was wahrnehmbar ist. Sie nimmt „frei" (libere) wahr. Diese „Freiheit" besagt nicht, daß sie ihre Wahrnehmungen willkürlich auswählt, sondern daß sie nicht auf einzelne Wahrnehmungen festgelegt ist. Andererseits belebt sie den Körper und begibt sich in die äußerste Einschränkung, ins Kontrakte, so daß die Seele beim Wahrnehmen auf ein Organ angewiesen ist und nur erkennen kann, was die eingeschränkte Natur dieses Organs, zum Beispiel des Auges, gestattet.

Die Hierarchie, die Cusanus hier voraussetzt, mit ihrem Abstieg von der unmitteilbaren Universalität bis zur individuellen Kontraktion, weist einige Merkwürdigkeiten auf. Sie schiebt zum Beispiel zwischen Seele und Leib die Natur ein. Es ist leicht zu sehen, daß Intellekt – Seele – Natur allgemeine Prinzipien sind, nicht primär Bestandteile des Menschen. Es handelt sich um eine allgemeine metaphysische Hierarchie, wie sie Plotin und Proklos kannten. Dennoch betrachtet Cusanus sie hier zunächst im einzelnen Menschen: Wenn wir im Menschen diese Stufen wiederfinden, wenn wir sehen, daß er als Mensch eine Einheit bildet, dann finden wir in ihm eine strenge Monarchie: Der Intellekt vereint in sich alle Bestandteile; er ist ihre Wirk-, Formal- und Finalursache. Sie sind primär in ihm; er bewirkt sie – wie in der Macht des Kaisers alle Reichsämter enthalten sind. Wieder greift Cusanus zu seiner monarchistischen politischen Metaphysik, um zu zeigen: Alles Gestaltete, Regelhafte des menschlichen Körpers kommt vom Intellekt als seinem Prinzip. Alles ist nur insofern gestalthaft, als es dem Begriff entspricht, den der Intellekt von ihm hat. So wie die vorhergehende Analyse dazu anleitete, im Körper nichts als den Punkt als Ähnlichkeit des Einen zu sehen, so führt Cusanus jetzt zu der Einsicht, daß alles nur ist, sofern es begrifflich bestimmt ist. Dies sagt nichts anderes als der zweite Hauptsatz: Alles ist wahr oder dem Wahren ähnlich. So wie die Glieder des Leibes ihr Sein und ihr Wohl nur im lebenden Leib finden, so finden alle Wesen ihre Gestalt nur in der Konformität zum Intellekt. Dies gilt für den Mikrokosmos, und es gilt für den Makrokosmos. Der weltbegründende Intellekt will sich zeigen; daher finden wir in der Welt nichts als die Ähnlichkeit des Begründers, und diese Ähnlichkeit zeigt sich als Konformität zum Begriff. Wir sehen, von Cusanus belehrt, in der Welt nichts als den verwirklichten Begriff. Alles Sichtbare hat der weltbegründende Intellekt seinem Begriff gleichgestaltet, damit wir in der sichtbaren Welt den Begriff der Dinge sehen. In dieser Überlegung (vor allem in n. 26) laufen die Linien zusammen, die bisher getrennt schienen: Das Sichzeigenwollen des weltbegründenden Geistes, die Differenz von In-sich und In-anderem, die Anwesenheit des Maximums im Minimum, des Makrokosmos im Mikrokosmos, die entscheidende Rolle der Ähnlichkeit und deren Auslegung als Konformität des Begriffs. Die sichtbare Welt ist der anschaulich gewordene Begriff; der menschliche Leib ist sichtbar gewordener Intellekt.

6. Mängel der philosophischen Klassiker

Wenn wir Cusanus folgen, treten wir an die Welt denkend heran mit der Vorannahme, sie sei so beschaffen, daß der Begriff sich in ihr zeige. Sie ist ein Instrument der Kommunikation des Begriffs; der weltbegründende Intellekt hat sie so angelegt, damit wir seinen Begriff uns zu eigen machen, denn alles, was Sein und Gestalt hat, ist nichts anderes als sein sichtbarer Begriff. Cusanus setzt eine strikte Begriffsmonarchie im Kosmos wie im Menschen voraus; er nimmt eine konsequente Finalisierung als Leitfaden philosophischen Denkens. Cusanus will die Einsicht des Anaxagoras, die Platon und Aristoteles mangelhaft durchgeführt fanden, radikaler durchführen als Platon und Aristoteles. Diese Heroen des Denkens sind bei der Finalisierung und damit bei der Erfassung der Identität des Begriffs auf halbem Wege stehen geblieben. Cusanus verstand den zweiten Hauptsatz seiner Philosophie als die Einlösung des Programms, das Anaxagoras aufgestellt, das aber selbst Platon und Aristoteles trotz ihrer berechtigten Anaxagoras-Kritik nur halbherzig ausgeführt hätten. Im Verhältnis zu diesem Versagen der antiken Klassiker des Denkens sei die Kritik, die Aristoteles an der Ideenlehre geübt habe, zweitrangig. Sie betreffe nur deren verbale Außenseite, nicht diese selbst. Sehe man auf die Sache, dann habe Aristoteles genau wie Platon gelehrt, daß die Wahrheit in sich ist und daß sie allem das Sein in Ähnlichkeit zuteilt. Sie sagten beide, was der Beryll zeigt (n. 18). Aber sie hatten den Beryll nicht. Cusanus drückt sich hierbei sehr genau aus: Eine bestimmte Form des Sehens durch den Beryll blieb Aristoteles nicht völlig verborgen (n. 28). Das ist ein eingeschränktes Lob; es betrifft das Fortgelten der Ideenlehre bei Aristoteles. Aber es steht nicht der Hauprkritik im Wege: Aristoteles und Platon haben nicht die konsequente Finalisierung betrieben, die sie gegen Anaxagoras eingeklagt hatten. Daher konnten sie die durchgehende Anwesenheit des Begriffs nicht zeigen, die der Sinn der Weltveranstaltung ist. Darüber hinaus gab es den noch wichtigeren Grund, der Cusanus zur Distanzierung von der gesamten Tradition, auch der scholastischen, zwang: Keiner hat gesehen, daß das Maximum mit dem Minimum zusammenfällt. Keiner hat gesehen, daß widersprechende Wahrheiten der Weg zur Einsicht sind. Allenfalls der göttliche Dionysius (und eventuell Proklos) hat das angedeutet. Aber seine Kommentatoren, selbst der große Albert, haben seinen Gedanken abschwächend ausgelegt: Ihnen allen und wen auch immer ich gelesen habe, ihnen allen fehlte der Beryll: Hii omnes et quotquot vidi scribentes caruerunt beryllo (n. 32). Von dieser schroffen Distanzierung, welche die Scholastiker ausdrücklich einschließt, nicht von dem Versuch, die Tradition für sich auszunutzen, wo es nur möglich war, muß die Analyse der geschichtlichen Stellung des Nikolaus von Kues ausgehen, ohne freilich darüber die aneignende Interpretation der Tradition zu vernachlässigen.

7. Rückblick auf die beiden ersten Hauptsätze

In wenigen Zeilen hat Cusanus die Grundlinien seiner Philosophie gezeichnet: Sie ist Denken des Einen und durchgeführte Geistphilosophie. Sie fächert sich auf in die Theoreme:

- die absolute Einheit ist Weltgrund als Intellekt,
- die Natur des Intellekts ist freudige Aktivität des Sichzeigens,
- Wahrheit oder Wahrähnlichkeit sind Kriterium für Sein und Nichtsein,
- das einheitliche In-sich-Sein zeigt sich In-einem-anderen-Sein mit dessen nie genau bestimmbarer Variationsbreite,
- Erkenntnis beruht auf der Wechselwirkung von Erkennen und Erkennbarem.

Dies erklärt Cusanus für die Ausgangspunkte seines Denkens. Er hätte sie nicht so stringent zusammenfassen können, hätte er nicht in jahrzehntelanger Denkarbeit die Resultate der Tradition seinem Denken einverleibt. Doch neben den mehr traditionellen Elementen zeigen bereits die beiden ersten Hauptsätze deutlich die neuen Akzente:

- Die Forderung, die Welt konsequenter als bisher als Selbstdarstellung des weltbegründenden Intellekts zu denken, die über Platon und Aristoteles hinausgehende Durchführung der Zielbestimmung der Welt für den Intellekt,
- die Anleitung, den Weltgrund durch den Zusammenfall von Maximum und Minimum *hindurch* zu begreifen und dazu mit einem geometrischen Gleichnis anzuregen,
- das Hervorheben der Entsprechung von sensibile und sensitivum, von intelligibile und intellectivum.

Cusanus behauptet von seinem ersten Hauptsatz, in ihm sei alles Folgende enthalten (n. 4, 8–9), aber er leitet nicht more geometrico daraus ab. Die Hauptsätze sind eher markante Merkpunkte für die weitere Argumentation denn Axiome der formalen Deduktion. Sie sind thesenhaft formuliert und verschaffen damit den folgenden Darlegungen freieren Spielraum; der Leser kann sich auch bei komplizierten und experimentellen Analysen an ihnen orientieren. Sie enthalten die ganze Philosophie, aber diese läßt sich aus ihnen nicht einlinig entwickeln; es bedarf immer neuer Einsätze und vertiefter Textarbeit.

Wie mit Posaunenstößen eröffnet Cusanus seine Schrift mit einer Zusammenfassung seiner Einheitsphilosophie, seiner Intellekttheorie und seiner Ideenlehre. Er verspricht raschen und sicheren Erkenntnisgewinn auf diesen Feldern, und dies innerhalb weniger Tage. Er weiß, daß viele Menschen freiwillig unter dem Joch der Tradition bleiben wollen; er warnt vor Popularisierung. Die Menschen ziehen oft die Gewohnheit ihrem eigenen Leben vor. Er hatte schon früher mehrfach gewarnt, die ganze neuere Theologie, d.h. die Theologie *seit* Dionysius, sei eine bloße Verstandeswissenschaft von Vernunftdingen (De coni. I 8 n. 34, 8–15; I 10 n. 53, 7–12). Er rechnet mit Widerstand gegen seine neue Denkweise aus Vernunftschlüssen, aber im intimen Kreis der Leser von *De beryllo* ist er voller Erkenntniszuversicht. Bleibt keine Spur des sokratischen Nichtwissens, das er doch in *De docta igno-*

rantia wiederherstellen wollte? Bedenkt Cusanus nicht mehr die Endlichkeit unserer Erkenntnis? Jedenfalls verspricht er sehr viel; mit Hilfe seines Okulars soll sich jeder zur vollen Höhe der Vernunftsicht erheben können, und zwar in kürzester Zeit. Cusanus tritt nicht auf wie ein demütiger Sucher, sondern wie einer, der das Augenglas der Wahrheit erfunden hat. Er hatte früh schon das Bewußtsein, Neues und Ungewöhnliches zu sagen; Großes und Verborgenes wollte er ans Licht bringen. Wer seine einfachen Regeln befolge, sei in alle Geheimnisse eingedrungen. Da gebe es keinen Zweifel und kein Hindernis: Arcana omnia penetrasti. Nulla ibi dubietas, nullum impedimentum (De coni. I 5 n. 18, 17; vgl. auch I 5 n. 17, 1–2). Er werde im klarsten Licht die größten Gegenstände sehen, die den Vielen völlig verborgen bleiben (De coni. I 10 n. 46, 1–2). Er könne Wunderbares (miranda) erreichen mit der Cusanischen Kunst (De coni. II 2 n. 86, 11). Ich zitiere diese Aussagen nicht, um Cusanus zu tadeln, er sei mit dem Selbstbewußtsein eines frühneuzeitlichen Genies aufgetreten, in der Art der Selbstanpreisungen Leonardos, als dieser sich in Mailand um eine Anstellung bei Hofe bewarb. Sie zeigen allerdings: Seine enorme Erkenntniszuversicht ist nicht erst 1458 entstanden.

Mag die Frage hier noch vorerst offenbleiben, ob Cusanus kein Bewußtsein von der Enge und Endlichkeit menschlicher Erkenntnis hatte. Klar ist aber von Anfang an, daß er sie hier nicht in den Vordergrund stellt. Ferner macht er deutlich: Einheitsspekulation, Intellekttheorie und Ideenlehre dienen der Welterkenntnis. Wir haben den Weltgrund nur dort, wo er sich zeigt – im Intellekt, in der Seele, in der Natur, in unserem Körper. Cusanus betreibt keine abgehobene Spekulation. Er will wissen, was die Welt ist, und hebt hervor: Die Welt unserer Erfahrung zeigt vielerlei Varianten von Gegensätzen wie den der stumpfen und der spitzen Winkel; wir denken den Weltgrund nur dann in seinem Charakter als umfassende und anwesende Einheit, wenn unser Gedanke durch die Steigerung *beider* Gegensatzseiten hindurchgeht. Daß die Natur gegensätzliche Prinzipien habe, sagte auch die alteuropäische Tradition; Cusanus verbleibt insofern in ihr, als seine Gegensätze immer schon von der vorausliegenden Einheit umgriffen oder durch das Band der Ähnlichkeit miteinander verbunden sind. Selbst den Gegensatz von Wahr und Falsch hat er denkend zu überwinden gesucht: Was dem Verstand als unmöglich erscheinen muß, sieht die Vernunft als notwendig, nicht nur als wirklich. An *einen* Gegensatz hat der Denker der Koinzidenz sich allerdings nicht herangetraut, den von Gut und Böse. Dies hätte für sein Denken, das die Einheit suchte, unabsehbare Folgen gehabt. Die Gegensätze, die in den beiden ersten Hauptsätzen vorkommen, und die Grundstrukturen der Welt ausmachen, sind daher nur die folgenden: Das Eine – das Viele, das erste Prinzip und das von ihm Hervorgebrachte, der Grund und sein Sichzeigen, das Wahre und das Wahrähnliche, das In-sich-Sein und das In-einem-anderen-Sein, das Erkennbare und das Erkennen.

III. Dritter Hauptsatz: Der Mensch ist das Maß aller Dinge

1. Eine neue Erkenntnismetaphysik

Cusanus wußte, daß er der gesamten Tradition widersprach, als er seinen dritten Hauptsatz aufstellte: Der Mensch ist das Maß aller Dinge. Diesen Grundsatz brachte Cusanus schon ins Spiel, als er vom Aufbau des Mikrokosmos aus den Bau des Universums erschließen wollte und dabei voraussetzte, der Mensch sei das Maß von allem: ex homine, qui omnia mensurat (De ber. n. 24). Zu seiner Begründung führt Cusanus aus:

Es gibt drei Erkenntnisstufen. Wieder einmal überrascht Cusanus seinen Leser, indem er seine Einteilungen variiert; diesmal unterscheidet er: Sinneserkenntnis, Vernunfterkenntnis und Erkenntnis dessen, was über der Vernunft ist. Jede dieser Erkenntnisweisen ist ein Maßsetzen. „Messen", mensurare, heißt hier nicht, ein vorhandenes Maß nur anwenden, so wie jemand mit dem vorhandenen Metermaß eine Strecke abmißt. Unter der Voraussetzung eines derart banalen Begriffes von „Messen" gibt weder die Berufung auf Protagoras noch die gesamte Argumentation einen Sinn: Mit unserer Sinneserkenntnis bilden wir das Maß für das sinnlich Wahrnehmbare; mit unserer Vernunft bilden wir das Maß für das mit der Vernunft Erkennbare; wir bilden auch das Maß für das, was über der Vernunft liegt, indem wir es im Überschreiten (in excessu) berühren (attingere).

Cusanus argumentiert, der dritte Hauptsatz ergebe sich aus den bereits begründeten Hauptsätzen, vor allem aus dem, daß das Sichzeigen des ersten Grundes der Sinn der Weltveranstaltung ist. Daher wissen wir: Die erkennende Seele ist das Sinnziel der erkennbaren Dinge. Erkenntnis geschieht nicht durch das zufällige Auftreffen unseres Erkenntnisstrahls auf zufällig vorbeikommende Dinge. Cusanus kennt die Zielbestimmung der Welt; sie ist so konstruiert, wie sie ist, um von uns erkannt zu werden. Er fordert auf, daraus finalistische Konsequenzen zu ziehen. Wir wissen aus der Kenntnis unserer sinnlichen Wahrnehmungskraft, wie die Dinge sein *müssen*, damit sie wahrgenommen werden können. Wir wissen, daß die intelligiblen Inhalte in ihrem An-sich so angelegt sein *müssen*, damit unserer Vernunft sie erkennen kann. Wir wissen, aus unserer Fähigkeit zur Überschreitung, das die über die Vernunft hinausgehenden Inhalte in sich so beschaffen sein *müssen*, damit wir sie in ihrem Überschreiten berühren können. Daher findet der Mensch in sich alles Geschaffene wie in dessen maßsetzendem Wesensgrund (in ratione mensurante; De ber. n. 6).

Der Satz des Protagoras, der Mensch sei das Maß aller Dinge, wurde seit Platon und Aristoteles als Programm eines relativistischen Skeptizismus aufgefaßt und entsprechend kritisiert. Cusanus verstand ihn anders: Der Mensch als Wahrnehmungs- und Vernunftwesen, der Mensch als fähig zur Überschreitung bildet das Maß aller Dinge, nicht der Einzelne in seinem beliebigen Meinen und Wollen. Nicht Beliebigkeit, wohl aber Subjektivität (wie man später sagte) oder sagen wir: Der Mensch mit seinen allgemeinen Erkenntnisarten bildet das Maß der Welt.

Wer den Zweck des Weltprozesses kennt, nämlich als Sichzeigen des ersten Prinzips, der weiß auch, daß er daraus folgern kann, die objektive Welt müsse so beschaffen sein, daß sie mit unseren Erkenntnisarten erfaßbar ist. Im Blick auf unsere Erkenntnisfähigkeiten ermitteln wir, Cusanus zufolge, wie die Dinge sein *müssen*, damit sie von uns erkannt werden. Auf dieses *Müssen* kommt alles an.

Wir begegnen nicht erst fremden Dingen und stellen dann nachträglich fest, daß unsere Erkenntnisweisen sich nach ihnen richten und dadurch Wahrheit erreichen können. Geschähe Erkenntnis so, dann stünde Zufälligkeit an der Wurzel unserer Erkenntnis; dann wären die Dinge in ihrem zufälligen Begegnen das Maß unserer Erkenntnis. Dann könnten wir nie gewiß sein, in den Dingen Vernunftbegriffe zu sehen. Aber daß die Welt nichts anderes ist als das Sichtbarwerden von ursprünglichen Begriffen, das war die Quintessenz des ersten und des zweiten Grundsatzes der Philosophie des Cusanus. Er will sich den Vorwurf nicht zuziehen, den Platon und Aristoteles dem Anaxagoras machten und den er selbst Platon und Aristoteles macht, zuerst Geist, Sinn und Zweck als Weltursprung einzuführen, aber dann doch alles den Zufall bestimmen zu lassen.

Man hat Cusanus zuweilen als einen Skeptiker bezeichnet. Das ist nicht ganz falsch. Denn er dachte Nicht-Wissen als das wahre Wissen; er zog die negative Theologie der positiven vor; er erschütterte kosmologische Gewißheiten, die für Jahrhunderte festgestanden hatten. Er thematisierte die strukturierenden Vorgaben, die unsere Erkenntnisarten allem Erkannten vorgeben. Dies alles hätte zum Skeptizismus führen können. Erst recht wurde ihm – von Zeitgenossen wie von Neuscholastikern des 20. Jahrhunderts – seine Relativierung des Satzes vom zu vermeidenden Widerspruch als Zerstörung allen menschlichen Wissens angekreidet. Auch daß er gelehrt hat, zwischen dem Endlichen und dem Unendlichen gebe es keine Proportion und daß er die menschliche Erkenntnis als unendliche Annäherung beschrieben hat, schien wahre Erkenntnis aus dem irdischen Leben der Menschen hinaus zu verlegen. Aber im Denken des Cusanus, besonders seit *De coniecturis*, lagen Motive, die jeden Skeptizismus ausschlossen: Gott als absoluter, d.h. aus den Gegensätzen herausgelöster Begriff; die Welt als Sichzeigen des absoluten Begriffs in realisierten Begriffen, also in Weltwesen.

Vor allem die strikte Finalisierung, wie sie *De beryllo* fordert: Wenn Gott die Welt erschaffen hat, damit wir ihn erkennen sollten, dann muß sie nicht nur de facto erkennbar sein, sondern dann müssen wir ihre Strukturen im Voraus danach bestimmen können, ob und wie sie unsere Erkenntnis ihrer erlauben. Volkstümlich gesprochen: Wir sind in der Welt, um nach dem Plan Gottes seine Begriffe in ihr zu sehen. Da wir ihn nicht direkt sehen und auch die Weltdinge nicht unabhängig von unserer Erkenntnisart erfassen können, müssen wir von unseren Erkenntnisweisen ausgehen; dann können wir sagen, wie die Dinge sein *müssen*, um ihre göttliche Bestimmung für uns zu erfüllen. Dies ergibt eine ambitionierte Metaphysik der Erkenntnis, von der Cusanus weiß, daß sie die beiden ersten Hauptsätze seiner Philosophie voraussetzt. Außerhalb dieser Prämissen wäre sie Selbstüberhebung und naiver Optimismus. Vor allem: Woher sollten wir aus allem nur zufällig Angetroffenem wissen können, wie die Dinge sein *müssen*? Selbst wenn uns gelegentlich die Erkenntnis der Weltdinge gelänge, könnte daraus nicht das Wissen entspringen, wie sie beschaffen sein *sollen.* Also müssen wir die Analyse der Erkenntnis einmal andersherum versuchen: Gehen wir also nicht mehr von faktischen Begegnungen aus, nicht mehr vom zufälligen Auftreffen von Ding-Einwirkungen auf unsere Erkenntnisvermögen, sondern von der Sinnbestimmung der Welt als sichtbare Begriffe für unsere Erkenntnisweisen.

Einschränkungen unserer Erkenntnisvorgaben gibt es immer noch. Cusanus spricht im selben Zusammenhang von Inhalten, die über die Vernunft hinausgehen. Er betont allerdings, daß wir sie „berühren", daß wir sie also zwar nicht umfassen, also ausschöpfend erkennen, daß wir sie aber auch nicht nur vom Hörensagen kennen. Wir sind ihrer durch direkte Berührung gewiß und sind somit auch das Maß für das, was uns übersteigt. Auch wenn wir vom Anderen der Vernunft sprechen, gehört dieses Andere noch zur Vernunft.

Der dritte Hauptsatz des Cusanischen Denkens spricht eine charakteristische Wende in der Geschichte der Metaphysik der Erkenntnis aus. Auf Einzelheiten der Theorie des Erkennens geht er nicht ein. Er entscheidet noch nicht, ob unser Erkennen ein Angleichen oder ein Produzieren ist, vielleicht auch beides. Mit Fragen dieser Art wird sich der vierte Hauptsatz befassen. Vorausgehen muß eine grundsätzliche Neubesinnung: Wir können Erkennen nicht von Weltdingen ableiten. Wahrheit kann nicht von Außen gesichert werden. Und um prinzipielle Sicherung der Wahrheitsmöglichkeit geht es hier. Wenn wir die Einsicht des Anaxagoras radikal konsequent durchführen, dann erscheint auch der Satz vom Menschen als Maß aller Dinge in neuem Licht. Dann begründet er nicht nur keinen Skeptizismus, sondern dann fordert er uns auf, im Blick auf unsere Erkenntnisarten von vornherein zu bestimmen, wie die Dinge beschaffen sein müssen. Cusanus ist kein „Vorläufer" Kants. Von Kant trennt ihn vieles: Seine Theorie vom Sichzeigenwollen des ersten Prinzips und von Dingen als wirklichen Begriffen, ferner die Forderung nach Ausweitung des teleologischen Prinzips und die Geltung der platonisierenden Ideenlehre. Aber zwei Motive bringen seinen Entwurf auch wieder näher an Kant heran: Daß wir nicht länger davon ausgehen sollen, unsere Erkenntnis richte sich nach denkfremden Dingen; wir haben Anlaß, es einmal umgekehrt zu versuchen. Zweitens: Daß wir Notwendigkeiten aufdecken können, Notwendigkeiten aller erkannten Dinge, die sich aus unserer Erkenntnisart herschreiben. Allerdings trennen sich die beiden Denker sofort wieder: Einmal, weil Cusanus die erkannten Dinge nicht für Erscheinungen hält, sondern für Dinge an sich, die Begriffe an sich in Ähnlichkeit darstellen, sodann weil Kant seinen Ansatz mit unvergleichlich strengerer Systematik ausgeführt hat als der Philosoph des 15. Jahrhunderts.

2. Präzisierung des neuen Ansatzes

Cusanus hat seine neue Erkenntnismetaphysik nicht systematisch entwickelt. Aber bloß hingetupft hat er sie auch nicht. Er wußte, daß er Neues sagte und daß er Begründungen schuldig war. Er widmete ihnen die Schlußkapitel seines Buches über den Beryll (n. 65–71).

Bisher hatten die großen Philosophen, Platon und Aristoteles voran, vom Satz des Protagoras nur verächtlich gesprochen. Cusanus schreibt: „Aristoteles sagt, damit habe Anaxagoras nichts Großes gesagt, aber ich glaube, er hat sehr Großes damit gesagt". Die Überlegung des Cusanus richtet sich gegen Aristoteles, knüpft aber im Fortgang weiter an ihn an. Er habe zu Recht gelehrt, alle Menschen strebten ihrer Natur nach zum Wissen, und er habe dies daran gezeigt, daß die Menschen das Sehen lieben, nicht nur, um sich damit im praktischen Leben zu orientieren, sondern auch um des Erkennens willen, weil der Sehsinn viele Unterschiede offenlegt (multas nobis differentias manifestat). Soweit Aristoteles am Anfang seiner *Metaphysik* (I 1). Cusanus läßt sich von ihm anregen, gerade am Gesichtssinn zu zeigen, daß der Mensch das Maß aller Dinge ist. Es besteht, argumentiert er, doch eine Entsprechung: Es gibt so viele Unterschiede der wahrnehmbaren Dinge, wie es Erkenntnisfähigkeiten der menschlichen Sinne gibt. Cusanus hebt hervor, die menschlichen Sinne seien nicht nur Sinne, sondern sie hätten teil am Licht des Verstandes. Sinnesdinge sind gewissermaßen die Bücher der Sinne. In ihnen ist die Aussageabsicht (intentio) des göttlichen Intellekts in sinnlichen Gestalten geschrieben, und die Aussageabsicht ist das Sichzeigen des Schöpfergottes. Diesen Gedanken sollen wir aber nicht in seiner erbaulichen Form stehen lassen, sondern wir sollen ihn philosophisch weiterdenken: Wenn du also in einer konkreten Frage Zweifel hast, warum etwas so oder so beschaffen ist, dann lautet die einzig konsequente Antwort: Weil der göttliche Intellekt sich der sinnlichen Erkenntnis zeigen wollte, damit er auch in der Wahrnehmung erkannt werde. Cusanus konkretisiert: Es werde gefragt, warum es in der sinnlichen Welt so starke Gegensätze gibt – weiß und schwarz, hoch und tief, heiß und kalt. Dann muß die Antwort lauten: Weil Entgegengesetztes sich wechselseitig besser ins Licht setzt, wenn es nebeneinander vorkommt. Deswegen ist es jeweils dieselbe Wissenschaft, die beide Glieder der Gegensatzpaare erörtert. Die Sinneserkenntnis bildet eine so schwache Form des Erkennens, daß sie ohne lebhafte Kontraste die Unterschiede der Dinge nicht auffassen würde. Die objektive Beschaffenheit der sinnlichen Welt, nicht etwa nur die des faktischen Wahrnehmens, ist so gegensatzreich wie sie ist, damit die Sinneserkenntnis ihre Aufgabe erfüllen kann. Jede Art unseres Wahrnehmens verlangt nach *gegensätzlichen* Gegenständen, damit wir sie mit den Sinnen besser unterscheiden können. Deswegen sind die Gegenstände so zweipolig, so gegensatzreich, wie sie sind. Wer diese Untersuchung durchführt, wird finden, daß alle Gegenstände in der sinnlichen Welt so beschaffen sind, wie es ihre Zuordnung zur menschlichen Erkenntniskraft verlangt. Zum Beispiel dient der Gegensatz der Farben unseren Augen. So ist es in allem. In den vielen Unterschieden des Wahrnehmens und des Wahrgenommenen *sehen* wir das Sichzeigen des göttlichen Intellekts (n. 66).

Der dritte Hauptsatz des Cusanischen Denkens knüpft an den ersten Hauptsatz an. Er fordert die konsequente Durchführung der dort ausgesprochenen Sinnbestimmung der Welt. Wir sollen das Sichtbarwerden der ursprunggebenden Begriffe detailliert erforschen. Das hätten Platon im *Phaidon* und Aristoteles in der *Metaphysik* gegen Anaxagoras gefordert, aber nicht durchgeführt; sie begingen denselben Fehler, den sie Anaxagoras vorwarfen. Er habe sich gewundert über diese Fürsten der Philosophen: Zuerst hätten sie mit Anaxagoras darin übereingestimmt, daß alles aus Vernunft hervorgehe und dann hätten sie doch zufällige und rein stoffliche Begründungen gegeben (n. 67). Sie seien von der falschen Voraussetzung ausgegangen, der erste Grund wirke aus Naturnotwendigkeit, nicht aus Einsicht, um sich selbst zu zeigen. Hätten diese großen Philosophen den wahren Grund für den Aufbau des Universums erfaßt, wie er im ersten Hauptsatz ausgesprochen ist, dann hätten sie die einzig richtige Lösung aller Zweifelsfragen gefunden. Cusanus hebt die Universalität seiner Einsicht hervor: So ist es in allen Dingen. Er glaubt weiterhin, die einzige Lösung aller Problemstellungen gefunden zu haben. Manche werden das unbescheiden finden, aber es liegt in der Natur seines ersten Hauptsatzes: Wenn alles aus Vernunft und Sinn hervorgeht, dann bestimmt diese Vernunft den realen Aufbau der Welt nach unseren Bedingungen; er, das Maß aller Maße, nimmt von uns das Maß für den Aufbau der Welt. Sein Sinngehalt zeigt sich; er ist das Wesen der Dinge. Dieser Gedanke läßt keine Ausnahme und kein Schwanken zu. Nehmen wir ein Beispiel: Was will der weltbegründende Intellekt, wenn er mit Hilfe der Himmelsbewegung und mittels der Natur aus einem dornigen Busch eine schöne und wohlriechende Rose hervorbringt? Darauf kann man, Cusanus zufolge, nur antworten: Jener Intellekt will sich in ihr als in seinem Wort aussprechen. Er will zeigen, wie groß seine Weisheit und sein Verstand ist, wenn er mit solcher Leichtigkeit mit geringen Mitteln eine solche Schönheit in die Sinneserkenntnis bringt und mit dieser Erkenntnis im Menschen freudige Bewegung auslöst. Noch deutlicher zeigt er sich im vegetativen Leben, aus dem die Rose hervorgegangen ist. Am deutlichsten im intellektiven Leben, das alles Wahrnehmbare aufhellend durchdringt. Inwiefern unser Intellekt das Maß setzt für die Intelligibilia, das deutet Cusanus nur an: Damit uns die Herrlichkeit des Weltkaisers einsichtig wird, hat er der Natur ihr Gesetz gegeben, sichert er die Dauer der Arten und bewahrt er die Individuen für die ihnen bestimmte individuelle Zeit. Indem alle Dinge so entstehen, sich bewegen und wirken, wie es ihnen das Gesetz der Natur befiehlt, erfüllen sie ihre Bestimmung, daß wir in diesem Gesetz der Natur den Intellekt ihres Urhebers erkennen (n. 68).

3. Das Verfahren des Cusanus: Philosophische Analyse und Textarbeit

Viele Autoren des Mittelalters haben, antiken Quellen folgend, gelehrt, Gott habe die Welt um des Menschen willen geschaffen. Cusanus stützt sich auf Anaxagoras, auf die Anaxagoras-Kritik Platons und Aristoteles', um diese Überzeugung, deren naive Form – als bewegten die Sterne sich um des Menschen willen – er verwarf, zu einem subtileren Anthropozentrismus zu steigern. Er sah: Eine Naturbetrachtung, wie sie der Platonische *Timaios* vorführt, ließ sich nur durch Radikalisierung der Teleologie, also mit Hilfe seines ersten Hauptsatzes, begründen oder überhaupt nicht. Die Inkonsequenzen, die er in dieser Hinsicht Platon und Aristoteles vorwirft, bestehen in der Tat. Es war eine philosophische Leistung des Cusanus, deren für Europa maßgebende Weltsicht in ihren Prämissen und Inkonsequenzen verdeutlicht zu haben, so daß man sie entweder mit neuen Argumenten stärken oder ablehnen konnte. Cusanus hat den ersteren Weg eingeschlagen. Dabei spielten bestimmte kosmologische Vorstellungen herein, die er nur andeutete, z.B. die Überzeugung von der Konstanz der Arten. Er teilt auch die theologische Lehre, die den Sinn der Schöpfung darin sieht, daß Gott in seiner Herrlichkeit gesehen werde. Doch ist hier der argumentative Zusammenhang festzuhalten: Zuerst entwickelt Cusanus die Wahrheit des Satzes des Protagoras, und dann erklärt er, dessen vielverschrieener Grundsatz verdeutliche auch den Sinn der biblischen Lehre (ita evangelica doctrina manifestior fit). Cusanus entnahm seine spezifische Fassung der Anthropozentrik nicht einfach der Theologie. Bonaventura und Thomas von Aquino hatten der Theologie jene andere Form der Anthropozentrik entnommen, daß die Sterne nach dem Jüngsten Tag stillstehen und daß es dann weder Pflanzen noch Tiere geben werde, da sie für den Menschen nicht mehr nützlich seien. Cusanus ließ sich von dem Sophisten Protagoras zu einer neuen philosophischen Untersuchung anregen, er verteidigte ihn argumentierend gegen Platon und Aristoteles und kam zu philosophischen Einsichten, die dann auch den biblischen Gedanken zu erhellen imstande seien. Dabei verfolgt er eine doppelte argumentative Strategie. Er vertieft zunächst philosophierend die Position des Protagoras. Sodann versucht er zu zeigen, daß Aristoteles selbst dem Gedanken des Protagoras-Cusanus keineswegs so ferne steht, wie es die Protagoras-Kritik erscheinen läßt.

Worin besteht die argumentative Stärkung der Position des Protagoras bei Nikolaus von Kues? Sie besteht nicht darin, daß Cusanus sich auf seinen ersten Hauptsatz beriefe. Hauptsatz 3 hängt, wie sich bei seiner Durchführung zeigt, mit Hauptsatz 1 zusammen, wird aber nicht aus ihm gefolgert. Vielmehr besteht Cusanus darauf: Wir wissen aus der Natur unserer Wahrnehmungstätigkeit, daß die Sinnesdinge für unsere Wahrnehmung bestimmt sind und daß wir daher das Maß für sie abgeben (n. 69). Cusanus behauptet also, eine immanente wahrnehmungstheoretische Begründung für den homo-mensura-Satz zu besitzen. Dies glaubte er durch die Herleitung der Gegensätze in der Natur aus den Bedingungen unseres Wahrnehmens (n. 66) gezeigt zu haben. Er war überzeugt, dies noch besser durch eine Analyse der Bedingungen der Vernunft zeigen zu können, doch ließ er sich durch Aristoteles das Thema des sinnlichen Sehens vorgeben. Daher streift Cusanus das Maßsetzen durch den Intellekt nur kurz: Alles Erkennen ist ein Maßsetzen (cognoscere enim mensurare est). Das Maß ist einfacher und steht in diesem Sinne höher als das Meßbare. Das Maß verhält sich zum Meßbaren wie die Einheit zur Zahl. Das heißt: Das Maß ist Grund. Das Maß ist Einfaltung, die sich im Gemessenen entfaltet. Das Spiel von complicatio und explicatio findet schon in der Sinneserkenntnis, erst recht aber im Vernunfterkennen statt. Cusanus erklärt das:

Das sinnliche Wahrnehmen hat durchaus eine äußere, eine passive Seite. Es nimmt Eindrücke der Außenwelt auf. Aber dieses Aufnehmen verwandelt sich schon in der Wahrnehmung in Tätigkeit, denn der Gesichtsinn ist die eingefaltete Einheit aller sichtbaren Gestalten (in se complicat omnium visibilium formas). Deswegen erkennt er sie, wenn sie ihm von außen präsentiert werden. Er erfaßt sie in sich, in seinem eigenen Wesen, weil seine Wesensart als Gesichtssinn alle sichtbaren Formen in sich zusammenfaßt.

Ähnliches gilt von der Vernunft. Deren Wesen ist es, die einfache Einheit aller intelligiblen Inhalte zu sein. Sie erkennt diese daher aus ihrer eigenen Natur heraus in sich selbst. Dies schließt Gedankenarbeit und Abstraktionsleistung nicht aus. Denn die intelligiblen Inhalte sind nur dann in der Vernunft als diese selbst, wenn sie „nackt", d.h. ohne ablenkende sinnliche Details, der Vernunft präsentiert werden (n. 71). Dies erinnert an Leibnizens: Nichts ist im Intellekt, außer dem Intellekt selbst. Das heißt: Die Empirie hat ihren Ort. In der Sinneserkenntnis als auslösender Eindruck; in der Vernunfterkenntnis im Herausarbeiten der nackten Vernunftbestimmungen wie Einheit – Vielheit. Aber der Vollzug der Erkenntnis geschieht im Gesichtssinn selbst als der Fülle der sichtbaren Formen und in der Vernunft selbst als in der einheitlichen Zusammenfaltung aller Vernunftinhalte. Insofern sind

Gesichtssinn und Vernunft die je höhere Einheit. Insofern sind sie das Maß. Daher besteht der Satz des Protagoras zu recht.

Der zweite Schritt der Cusanischen Gedankenführung besteht in dem Versuch, Aristoteles wenigstens teilweise auf seine Seite zu ziehen. Schließlich hat Aristoteles, Platon folgend, mit Recht an Anaxagoras die Inkonsequenz getadelt. Er hat Folgerichtigkeit in der finalistischen Betrachtung der Welt gefordert. Und er hat gelegentlich gesehen, daß der menschliche Gesichtssinn das Maß des Sichtbaren ist. Damit war er schon auf halbem Wege zu Protagoras. Sagt er doch im vierten Buch seiner *Metaphysik*, es könne keine Sinnendinge geben ohne Lebewesen, die mit Sinnen ausgestattet sind (IV 5, 1010b30–1011a2). Ohne Wahrnehmung gibt es auch nichts Wahrnehmbares. Dies ergibt sich bei Aristoteles, weil alles Mögliche vom Wirklichen her bestimmt wird. Nur macht eine Schwalbe noch keinen Sommer, und der vereinzelte Satz macht aus der Aristotelischen Philosophie noch keine Cusanisch gefaßte Anthropozentrik. Aber das Vorgehen ist charakteristisch für den Umgang des Cusanus mit den Klassikern. Er hat sich schroff von ihnen distanziert: Ihnen allen fehlte der Beryll. Sie sind in denselben Fehler verfallen, den sie an Anaxagoras zu Recht tadeln. Sie haben ihre teleologische Weltsicht nicht kohärent durchgeführt. Sie sind an der tiefen Wahrheit vorbeigegangen, die im Satz des Protagoras ausgesprochen ist.

Aber nachdem Cusanus dies klargestellt hat, beugt er sich wieder über die Texte der großen Griechen und sucht, was er daraus nutzen könnte. Sein Umgang mit den philosophischen Quellentexten ist nicht dogmatisch, sondern elastisch. Er ist weder Platoniker noch Aristoteliker noch Sophist. Er nimmt das Wahre, wo er es finden kann, und dies ist relativ häufig bei den Platonischen und den platonisierenden Texten der Fall. Aber er ist nicht einfach deren Schüler. Er hat eingangs gesagt, was sein Leser bei ihm lernen kann: Er soll Richter werden, der urteilt, wo ein Autor die Wahrheit erreicht und wo nicht: iudex fias.

Noch ein Wort zum argumentativen Vorgehen des Cusanus. Es fällt auf, daß er bei der Argumentation zugunsten des dritten Hauptsatzes kein geometrisches Gleichnis mehr benutzt, wie dies beim ersten und beim zweiten Hauptsatz der Fall war. Die Geometrico-Philosophie tritt zurück zugunsten der Analyse des Sehens und der Vernunft. Cusanus braucht auch jetzt einen sinnlichen Anhalt für seinen intellektuellen Aufstieg. Aber dies ist nun nicht mehr der Winkel, sondern die Rose, deren begeisterter Lobpreis das irdische Vergnügen in Gott begründet. Das Motiv des Lebens – des Lebens in seinen verschiedenen Formen – drängt nach vorne. Auf Lebenszentren wie die menschliche Wahrnehmungsfähigkeit und die Vernunft wendet Cusanus nun Begriffspaare an, die ursprünglich der philosophischen Theologie vorbehalten waren: Einheit hier – Zahl in der Objektwelt, Zusammenfaltung (complicatio) hier – Entfaltung (explicatio) in der Welt der Sinnendinge und der Vernunftinhalte. Ich sage nicht, daß diese Ideen 1458 völlig neu waren: Schon die kleinen Schriften (Opuscula) der vierziger Jahre zeigten ein Zurückdrängen der Geometrico-Theologie zugunsten der Erforschung des Sehens. 1450 schon wandte Cusanus die Begriffe von complicatio und explicatio auf den menschlichen Geist und seine Ausfaltungen an. Ich will nur sagen: Das Bild ist hier charakteristisch anders als in *De docta ignorantia* (1438–1440). Damals ging es weder um die strikte Finalisierung noch um den homo-mensura-Satz. Cusanus war auch damals kein Skeptiker, aber man konnte ihn so verstehen; sein Buch enthielt mehr über Grenzen des menschlichen Wissens als über die Macht der Wahrheit, die auf den Plätzen schreit. Zwar hieß es auch damals schon, Pythagoras sei der erste aller Philosophen – der Zeit und dem Range nach. Aber die gesamte intellektuelle Atmosphäre des Buches war noch nicht so erkenntniszuversichtlich und nicht so konsequent antikisierend gestaltet wie 1458. Dies schließt nicht aus, daß Cusanus auch 1458 seine Philosopheme den Mönchen von Tegernsee auch gelegentlich in biblischer Diktion vortragen kann. Seine Philosophie zeigt den tieferen Sinn der evangelischen Lehre von der Schöpfung und von der Gottessohnschaft. Diese Korrespondenz seiner Philosophie mit einem philosophisch gedeuteten Evangelium ließ Cusanus sich nicht entgehen; auch sie gehört zur Kultur der christlichen Humanisten, die sich um die Päpste Nikolaus V. und Pius II. mit einem klaren Reformkonzept scharten.

IV. Vierter Hauptsatz: Der Mensch als zweiter Gott erschafft die Kultur- und Begriffswelt

1. Der Mensch als zweiter Gott

Vierter Hauptsatz der Cusanischen Philosophie: Der Mensch ist ein zweiter Gott. Wie Gott die Realwelt, so schafft der Mensch seine Kultur- und Begriffswelt. Die Gedankenwesen (entia rationalia) und die Formen von Kunst- und Handwerksprodukten sind nichts anderes als Ähnlichkeiten des menschlichen Intellekts, so wie die Hervorbringungen Gottes nichts anderes sind als Ähnlichkeiten mit dem Intellekt Gottes. So ist also der Mensch durch seinen Intellekt, indem er erschafft, die Ähnlichkeit des göttlichen Intellekts (similitudo divini intellectus in creando). Für ihn gilt der Grundsatz nicht, daß zwischen Endlichem und Unendlichem keine Proportion bestehe. Daher schafft er Ähnlichkeiten zweiten Grades, also Ähnlichkeiten der Ähnlichkeiten des göttlichen Intellektes, so wie die äußeren Formen von Handwerk und Kunst Ähnlichkeiten sind der inneren Naturform der Dinge. Er erfaßt das Maß für seinen Intellekt aus der Mächtigkeit seiner Werke, und so bildet er auch das Maß für den göttlichen Intellekt. Er ist das Maß Gottes. Dies gilt in dem Sinne, wie das Maß der Wahrheit bestimmt wird durch ihr Bild (mensurat divinum intellectum, si cut veritas mensuratur per imaginem). Cusanus-Deuter, die Freude an der Heteronomie haben, bestreiten, daß bei Cusanus der Mensch auch das Maß Gottes ist. Dabei schreibt Cusanus doch, der Mensch bilde das Maß für den göttlichen Intellekt. Doch sie legen dies so aus, als handle es sich um bloßen Schein. Aber es geht um Bild-Sein, oder, wenn man so will, um ein Scheinen höherer Ordnung, das mehr ist als Sein. Dies ergibt ein Wissen, das an Gleichnissen entlang geht. Aber darin liegt keine Abschwächung; dies bedeutet kein Schwanken und keine Unsicherheit. Denn der menschliche Intellekt hat einen sehr scharfen Blick dafür, daß das Gleichnis das Gleichnis der Wahrheit ist. Er bleibt nicht hängen an Bild und Gleichnis; er geht kraft seiner Natur darüber hinaus zum Ursprung. Er erkennt im Gleichnis die Wahrheit und weiß zugleich, daß die Wahrheit in keinem Gleichnis darstellbar ist (De ber. n. 7).

2. Würde des Menschen oder des Intellekts?

Michel Foucault hat Kopfschütteln erregt, als er die These vertrat, „der Mensch" sei eine Erfindung der Zeit um 1800. Humanismusforscher haben ihm widersprochen. Es ist in der Tat hart, von Cusanus und Pico della Mirandola zu behaupten, sie hätten „den Menschen" nicht gekannt. Cusanus nennt ihn in *De beryllo* n. 7 einen „zweiten Gott" und beschreibt seine Produktivität in Kunst, Handwerk und Begriffen. Pico widmete ihm seine Rede von der Würde des Menschen, in der er darlegt, der Mensch sei das einzige Wesen im Himmel und auf Erden, das sein Wesen selbst bestimmen könne. Dennoch ist, wenn ein Gelehrter vom Rang Foucaults etwas behauptet, eine gewisse Langsamkeit im Widerlegen angeraten. Im platten Sinn hat er unzweifelhaft unrecht, wie Cusanus und die Rede Picos von der Würde des Menschen beweisen. Doch in einem subtileren Sinn ist die Frage neu aufzugreifen. Denn es ist offensichtlich, daß Cusanus – und hinter ihm eine lange Tradition – im gegenwärtigen Zusammenhang „Intellekt" meint, wenn er „Mensch" sagt. Er behauptet die Produktivität des Menschen. Doch was er ausführt, ist die Produktivität des Intellekts, als könnten Kunst und Handwerk ohne Hände auskommen. „Der Mensch hat Intellekt, der im Erschaffen die Ähnlichkeit des göttlichen Intellekts ist." Auf diese Weise verschiebt Cusanus die Frage nach dem Menschen zu der Frage nach dem Intellekt und nach seiner Produktivität in Ähnlichkeit zum göttlichen Intellekt. Das ist, genau genommen, Intellekttheorie, nicht Anthropologie. Damit will ich den vierten Hauptsatz des Cusanus nicht abwerten; er enthält Elemente von großer Tragweite und von spekulativem Tiefsinn. Es ist folgenreich, wenn Cusanus die Gedankengebilde primär als Ähnlichkeiten des Intellekts denkt, nicht primär als Abbildungen äußerer Dinge. Gedankendinge (entia rationalia), das waren traditionell logische Schemata zur Ordnung der sichtbaren Welt. Auch bei Cusanus haben sie ihre Funktion als Vereinheitlichung von Wahrnehmungen. Aber er sieht sie in erster Linie als Erzeugnisse menschlicher oder vielmehr intellektiver Produktivität. Begriffe und Artefakte sind Produkte einer Kaskade von Ähnlichkeiten, die vom göttlichen Intellekt über unseren Intellekt bis zu logischen Instrumenten und Artefakten in der Außenwelt reicht. Unser Intellekt ermittelt sein eigenes Maß durch seine Produktivität; er lernt sich selbst erst in der Macht (potestas) seiner Hervorbringungen kennen. Er kehrt in sich zurück, indem er sich nach außen produziert. Nur so ermißt er sein eigenes Maß und mißt von daher den göttlichen Intellekt. Es ist eine der vielen abschwächenden Auslegungen, die Cusanus auf ein gemeinscholastisches oder schul-platonistisches Niveau herunterbringen, wenn behauptet wird, die menschliche Vernunft könne, Cusanus zufolge, nur das ermessen, was von niedererem Rang ist als sie. Tatsächlich hatte Cusanus *zunächst* gesagt, der Mensch sei das Maß aller Dinge, und er dachte dabei an die geschaffenen Dinge (omnia creata; De ber. n. 6). Aber jetzt, indem er den Menschen als zweiten Gott zu denken lehrt, sagt er ausdrücklich, unser Intellekt setze das Maß für den göttlichen Intellekt (mensurat divinum intellectum). Sofort setzt Cusanus hinzu: So wie die Wahrheit ihr Maß erhält durch ihr Bild. In *De visione dei* hatte Cusanus den Gedanken des Johannes Eriugena aufgegriffen, daß in Gott Erschaffen und Erschaffenwerden zusammenfalle. Er hatte ausgerufen: „O unausforschbare Güte, die sich dem, der dich sieht, darbietet, als empfingest du von ihm das Sein.“ (De vis. 15, 70) Gott zeigt sich uns quasi als unser Geschöpf. Und wiederum: Dieses quasi heißt nicht, dieses Sichzeigen sei trügerischer Schein. Es ist die Wechselwirkung von wahrem Bild-Sein und Sein. Wir bestimmen den Anblick mit, den Gott uns bietet. Insofern sind wir das Maß Gottes. Aber wir sind es als sein Bild. Wir als das Bild, nicht mehr irgendein geometrisches Gebilde wie ein Winkel, sind das Gleichnis, durch das wir zur Erkenntnis des weltbegründenden Intellekts aufsteigen können. Auch nicht mehr die unwahrscheinliche Vollkommenheit der Rose ist der Ausgangspunkt. Wir kennen den ersten Gott, weil wir den Menschen als zweiten Gott kennen. Und weil wir einen untrüglichen Blick dafür haben, daß wir als Bild das *Bild der Wahrheit* sind, auch wenn die Wahrheit in keinem äußeren Gleichnis darstellbar ist. Den Grund unserer eigenen künstlerischen und begrifflichen Produktivität können wir nur „negativ sehen". Von unserer Unbestimmtheit her, die produktiv alles bestimmen kann, bestimmen wir die Unbestimmtheit der Wahrheit als den Produktionsgrund der Welt.

3. Kritik an Platon

Cusanus hat seinen vierten Hauptsatz nicht mit derselben Ausführlichkeit begründet wie die anderen drei Thesen. Darin macht sich die nicht vollständig durchgeführte Gliederung seines Buches über den Beryll am meisten bemerkbar. Dennoch kommt er zu markanten Ergebnissen. Klar ist, daß er den Menschen oder vielmehr den menschlichen Intellekt als produktiv gedacht haben will. Klar ist, daß er die künstlerisch-handwerkliche Produktivität als Erweis der Gottebenbildlichkeit verstanden sehen will. Daß er Kunstformen überhaupt zum Thema machte, daß er sie als Ähnlichkeit der Ähnlichkeit des göttlichen Intellekts im Rang erhöhte, ist kulturhistorisch bemerkenswert. In dem Interesse an diesem Thema macht sich – immer neben der Proklos-Lektüre – die italienisch-humanistische Umgebung des Kardinals bemerkbar; dies war deutlich schon in den *Idiota*-Schriften des Jahres 1450. Auch das Wesen der reinen Gedankendinge (entia rationis), die im späten Mittelalter unendlich vermehrt und in ihrem ontologischen status vielfach umstritten wurden, setzt Cusanus in neues Licht; er sieht sie primär von der Seite der menschlichen Produktivität her. Sie bilden nicht Dinge der sogenannten Außenwelt ab, sie ordnen sie; sie beweisen die Fruchtbarkeit unseres Geistes. Im übrigen läßt Cusanus hier viele Fragen offen. Ihn beschäftigt die Metaphysik des Erkennens, aber er entwirft kein System der Erkenntnistheorie. Immerhin stellt er klar: Die Seele formt in der Wahrnehmung die sinnlichen Eindrücke, deren sie bedarf, zu ihrer eigenen Tätigkeit um. Selbst in der sinnlichen Wahrnehmung gibt sie sich – in der zweiten Phase – ihren Inhalt selbst. Die wirkliche Wahrnehmung ist nicht der von außen kommende Eindruck, sondern die Tätigkeit der Seele, aufgrund deren das Auge und das gesehene Holz – gut aristotelisch, gut eckhartisch – eine Einheit bilden. Was wir außen sehen, sehen wir *in* unserem eigenen Sehsinn. Wir können nur sehend erkennen, weil der Gesichtssinn die Einfaltung allen Sichtbaren ist. Die Vernunft wiederum muß die Vernunftbestimmungen aus allen zufälligen Beimischungen befreien; sie sind nur dann in der Vernunfterkenntnis als die Vernunft selbst, wenn sie zuvor gereinigt worden sind. Aber wie das geschieht, das sagt Cusanus nicht. Das „Erkenntnisproblem“ – im Sinne der neukantianischen Historiographie, der die Cusanus-Forschung viel verdankt, – war nicht seine Hauptfrage.

Zur Einordnung seines vierten Hauptsatzes gibt er allerdings einige Hinweise. Charakteristisch ist schon, daß er sich für ihn auf Hermes Trismegistus beruft. Wie zuvor die Berufung auf Anaxagoras und auf Protagoras, wie die Präsenz des Platonischen *Timaios* und des *Phaidon* und die ständige Konfrontation mit der *Metaphysik* des Aristoteles, schafft auch dieser Verweis auf Hermes eine frühhumanistisch-antikisierende Tönung der Cusanischen These. Die Weisheit der vor-aristotelischen Denker soll wiedergewonnen und zur kulturellen und kirchenpolitischen Reform genutzt werden. Zu diesem Programm gehörte die Neu-Aneignung Platons. Es sollte eine distanziert-kritische Aneignung sein, und gerade der vierte Leitsatz brachte Cusanus in Konflikt mit Platon, aber nicht nur mit Platon, sondern mit allen anerkannten Philosophen: „Weder Platon noch irgend ein anderer, den ich gelesen habe, achtete auf das, was ich als vierten Merksatz vorangestellt habe“. Kein Quellennachweis kann diese massive Distanzierung von der gesamten Tradition aus der Welt schaffen. Cusanus besteht auf seiner Originalität und wirft Platon vor, er habe die mathematischen Gegenstände hypostasiert und diese Hypostasierung auf alle anderen Inhalte übertragen, weil er die Produktivität des menschlichen Geistes nicht bedacht habe. Gewiß erkennen wir nicht das Wesen des Kreises aufgrund einer immer mangelhaften Zeichnung oder Benennung; in seinem Wesen wird er nur mit der Vernunft erfaßt, aber daraus habe Platon fälschlich gefolgert, der Kreis existiere in gegensatzfreier Weise als selbständiges Wesen in ewiger Unzerstörbarkeit. Er habe, von mathematischen Gegenständen ausgehend, diese Verselbständigung der Vernunftinhalte auf alle ausgedehnt. Genau diesem Irrtum widerspreche das vierte Axiom. Dessen Wahrheit habe Platon nicht bedacht, sonst hätte er finden müssen, daß die mathematischen Gebilde, die unser Geist herstellt (fabricat), wahrer in unserem Geist sind als außerhalb seiner (n. 55).

Weil Platon die Produktivität des menschlichen Geistes verkannt hat, hat er die mathematischen Inhalte verselbständigt. Cusanus setzt die mathematischen Gegenstände in Parallele zu den Produkten von Handwerk und Kunst. Diese Inhalte haben in unserem Geist ein wahreres Sein als in der Außenwelt. Die Gestalt, die der Bildhauer aus dem Holz gewinnt, ist vor allem eine „geistige Gestalt, eine Idee oder Urbild" (mentalis figura, idea seu exemplar). So sei es auch mit geometrischen und arithmetischen Inhalten. Sie alle haben ihren Ursprung im Begriff unseres Geistes und entbehren des naturhaften Seins. Das gelte allerdings nicht für ein Haus. Zwar ist dessen Gestalt (figura) wahrer im Geist als in der Außenwelt, aber zum wahren Sein des Hauses gehöre, daß es aus sinnenhaftem Material sei; dies verlange sein Zweck. Deswegen habe Aristoteles mit Recht gegen die Ideenlehre geltend gemacht, daß es keine getrennte Wesensgestalt des Hauses geben kann. Aus der Tatsache, daß mathematische Inhalte, die von sinnenhaften Erfahrungen abgelöst sind, im Geist ein wahreres Sein haben als in einer Zeichnung, folge nicht, daß Sinnendinge, die ihrem Wesen nach sinnenhaft sind, ebenfalls ein wahreres Sein im Geist haben als in der Sinnenwelt. Die Ideenlehre in ihrer platonischen Form beruhte demnach auf einem Fehlschluß und verdiente die Kritik des Aristoteles. Doch hätte Platon folgern können: Wie die Formen der Kunstformen wahrer in ihrem Ursprung sind als im Stoff, so sind die Naturformen wahrer im Ursprung der Natur als außerhalb. Dann hätte er, was auch Aristoteles und Averroes nicht verworfen hätten, Ideen im Geiste des weltbegründenden Intellekts annehmen können. Falsch aber sei die Lehre der Pythagoreer, daß Zahlen, sofern sie aus unserem Geist hervorgehen, das Wesen der sinnlichen Dinge ausmachen; sie sind nicht Gründe der Dinge selbst, sondern nur der Gedankendinge, deren Gründer wir sind (n. 56). Alles, was wir nicht hervorbringen können, habe ein wahreres Sein in seiner sinnlichen Form als in unserer Vernunft. Cusanus bringt dafür ein Beispiel, das uns heute überrascht: das Feuer. Denn Feuer können Menschen hervorbringen, aber Cusanus sah es als Element, als primären Naturbestand und folgerte, in unserem Geist sei das Feuer ohne naturhafte Wahrheit und nur in einem verschwommenen Begriff (in confuso conceptu sine naturali veritate). Nachdem Cusanus auf diese Weise den Vorrang der Naturdinge vor dem Denken statuiert, allerdings gleichzeitig den schöpferischen Charakter unserer Vernunft bezüglich der Kunst und der Mathematik behauptet hat, überrascht er uns noch einmal. Er macht nämlich jetzt den Versuch, das Feuer, von dem er soeben gesagt hat, es könne ohne seine materielle Form nicht sein, im Geist des Weltbegründers nachzuweisen. Dort sei es in wahrerer Weise als in seiner sinnenhaften Erscheinung. Das Feuer habe nur in unserer Welt seine sinnlichen Eigenschaften; diese Eigenschaften brauche es, um in der sinnlichen Welt seine Tätigkeit üben zu können; diese Eigenschaften gehörten aber nicht zu seinem Wesen. Als Feuer im Geiste des Weltbegründers, wo es seine Funktion in der Sinnenwelt verliere, sei sein Wesen gewahrt, und so gehöre es in die intelligible Welt, wo es unzerstörbar und gegensatzfrei existiere, so wie es Platon vom Kreis an sich behaupte (n. 57).

Ich gestehe, daß ich mit diesen Aufstellungen des Cusanus Schwierigkeiten habe. So überzeugend er Platon und die Pythagoreer kritisiert, so deutlich er seine Position oberhalb Platons und Aristoteles bezieht, so schwierig ist sein Gedanke eines Feuers ohne Feuereigenschaften, eines Feuers als eines reinen, unzerstörbaren Wesens im Geiste Gottes. Das Haus soll kein wahreres Sein im Geist des Architekten haben als in seiner äußeren Realität. Die Begründung lautet: Das Haus ist eine Kunstform, kein Naturwesen, und sein Zweck, das Wohnen, erfordert seine Stofflichkeit. Wieso gilt das nicht für das Feuer? Was ist Feuer als Idee im Geiste Gottes? Es braucht dort nicht zu brennen; es hat dort kein materielles Gegenüber; es verliert seine Tätigkeiten, soll aber sein Wesen behalten. Cusanus bestätigt die Einwände des Aristoteles gegen eine Idee des Hauses; mit seiner Idee des reinen Feuers zieht er sie, scheint mir, wieder auf sich. Man kann erwidern, Cusanus gehe es darum, daß wir „negativ sehen“ lernen: Das Feuer als Idee ist Nicht-Feuer. Der Stein, sofern er in der unendlichen Einheit ist, ist Nicht-Stein (De coni. I 8 n. 35, 17–18). Aber wenn die Idee des Feuers zugleich die Idee des Feuers wie des Eises ist, dann verliert sie die für die Idee charakteristische Bestimmtheit.

4. Mathematik und Realwelt. „Abstraktion“ und Wahrheit

Die mathematischen Gegenstände sind wahrer in unserem Geist als in der Sinnenwelt. Sie sind in unserer Vernunft als unsere Vernunft. Gleichwohl sind sie, wie Cusanus ausdrücklich sagt, von den Sinnendingen „abstrahiert“ (a sensibilibus abstrahuntur). Cusanus ist hier nicht sehr ausführlich. Aber der Zusammenhang legt nahe, daß hier kein modern-empiristischer Abstrakionsbegriff eingesetzt werden darf. Cusanus sagt der Sache nach: Das Sein der mathematischen Inhalte ist von ihrer sinnlichen Darstellung abgelöst. Diese Ablösung oder Absolutsetzung beweist die produktive Kraft des menschlichen Denkens. Aber dann stellt sich, weit über die mathematischen Gegenstände hinausgehend, die Frage: Wenn der Mensch als zweiter Gott die Begriffswelt begründet, dann steht er zwar in Entsprechung zum weltbegründenden Intellekt, aber ist damit die Wahrheit seiner Erkenntnisse gesichert? Er könnte auch produktiv sein im Hervorbringen von Irrtümern oder von unnützen Gedankendingen. Wie hat Cusanus die Produktivität des menschlichen Denkens mit dessen *Wahrheitsbezug* koordiniert? Cusanus behandelt diese Frage in *De beryllo* nur in ihren allgemeinsten Zügen. Er hält fest: Wir beginnen mit den Sinnen. Wir arbeiten uns vergleichend von einem Gegenstand zum nächsten vor. Wir erreichen schließlich einen einfachen Vernunftinhalt (simplex intelligibile; De ber. n. 30, 14–18). Dieser Aufriß zeigt immerhin, daß Cusanus auch in *De beryllo* ein Bewußtsein von der Begrenztheit der menschlichen Erkenntnis hat. Was er über das vergleichende Vorgehen sagt, erinnert an die Beschränktheit jedes Vergleiches (comparativa inquisitio) in *De docta ignorantia* (I 1 n. 2). Dennoch liegt in *De beryllo* der Akzent anders, nämlich auf dem Sehen des Vorausgesetzten, das jedem Vergleich zugrunde liege, ferner darauf, daß die Sehkraft alles Sichtbare und die Vernunft alle Vernunftinhalte in sich enthalte (De ber. n. 71, 1–21). Das Erkennen ist die Einfaltung, die complicatio, das Erkannte seine Ausfaltung, die explicatio. Aber dann erhebt sich denn doch wieder die Frage der Wahrheitssicherung. Um die Position des Cusanus zu verdeutlichen, verlasse ich die Schrift *De beryllo* und nenne einige markante Motive, die Cusanus in anderen Werken vorgebracht hat, um das Verhältnis menschlicher Erkenntnis zur Wahrheit zu beschreiben.

Das erste charakteristische Stichwort des Cusanus dazu lautete: Unendliche Annäherung. Cusanus vergleicht in *De docta ignorantia* das menschliche Erkennen in seinem Verhältnis zur Wahrheit mit dem Versuch, ein Vieleck in einen Kreis einzuschreiben (I 3 n. 10). Dies bedeutete einen ideengeschichtlich wichtigen Einschnitt. Damit war das Projekt der menschlichen Erkenntnis als einer unendlichen Annäherung in die Welt gekommen. Dieser Vergleich hatte zwei Seiten: Ein Vieleck paßt in einen Kreis, und wir können die Zahl der Ecken immer weiter vermehren; wir bewegen uns also immer innerhalb der Wahrheit. Aber auf der anderen Seite ist es unmöglich, das Vieleck, und habe es noch so viele Ecken, mit dem Kreis zur Deckung zu bringen. Seitdem hapert es mit der Angleichung, adaequatio, die zur traditionellen Definition der Wahrheit gehört. Es bleibt zwischen allem, was wir sagen und denken, und der Wahrheit eine Differenz. Es gilt zwischen Wahrheit und menschlicher Erkenntnis das Prinzip der Inkommensurabilität (vgl. Hirschberger 1975).

Doch bedeutet das keinen Skeptizismus. Der Vergleich: Das menschliche Erkennen verhält sich zur Wahrheit wie ein Vieleck zum Kreis, brachte die Dynamisierung menschlicher Erkenntnis: Sie kann nicht zur Ruhe kommen. Selbst wenn es gelänge, ein einzelnes Ding, etwa einen Baum, getreu abzubilden, wäre die Wahrheit nicht erreicht; alle Zusammenhänge, in denen Bäume wachsen und gesehen werden, blieben noch zu suchen. Der gesehene und der gedachte Baum machen Teil einer sinnenhaft-geistigen Innenwelt, deren regionale Regeln bestimmen, was und wie wahrgenommen und gedacht werden kann. Vielleicht muß man noch weitergehen: Die Wahrheitssuche als Erforschung des Ganzen übersteigt die Fähigkeiten einzelner Betrachter; sie wird eine gesamtmenschheitliche Aufgabe. Dadurch erhält das Interesse an früheren Denkern eine neue Wichtigkeit. Dann gehört die Wahrheit prinzipiell nicht dem einzelnen Forscher, sondern der Menschheit als ganzer.

Ein skeptisches Element allerdings bleibt. Mag die menschliche Erkenntnis sich auch vervollkommnen, so erreicht sie doch nie, ein Vieleck bleibend, den Kreis. Cusanus sagt: Die *genaue* Gleichheit, die praecisio veritatis, ist durch uns nie zu erreichen. (Zu diesem in De doct. ign. oft wiederholten Motiv vgl. z.B.: I 1 n.4; I 2 n. 8; I 3 n. 9, 4–5; I 26 n. 89; II 1 n. 91–94.) Etwas von der Wahrheit bleibt immer außerhalb unserer Erkenntnis. Aber woher wissen wir das? Müßten wir nicht zuvor die Wahrheit erreicht haben, um zu wissen, daß sie außerhalb unserer Erkenntnis liegt? Zunächst liegt darin eine Befreiung, daß Wahrheit nicht als Abbilden einzelner Gegenstände gedacht wird und der Menschheit als ganzer gehören soll, nicht einem einzelnen Denker oder einer partikularen Gruppe wie einer Religionsgemeinschaft. Immerhin erhalten dann Individuen ein Recht auf ihre eigene Perspektive, zugleich mit dem Ansporn, bei keiner Sicht der Dinge halt zu machen. Aber diese Freiheit in der Wahrheit wirkt nur so lange nicht entmutigend, als wir sicher sein können, unsere Vielecke innerhalb des Kreises zu zeichnen. Dazu aber müßten wir den Kreis sehen. Was sichert uns davor, Vielecke außerhalb des Kreises zu bilden? Produktiv wären wir dabei auch, aber im Hervorbringen von Irrtümern oder von unnützen Hypothesen. Woher wissen wir, daß wir uns auf dem Weg zur Wahrheit befinden, sei's in unendlicher Annäherung?

5. Das Überschreiten der unendlichen Annäherung

Cusanus glaubte in *De docta ignorantia* zu *wissen*, wir bewegten uns, wenn wir denken, innerhalb der unerreichbaren genauen Wahrheit. Was war das für eine Art von Wissen? War auch dieses Wahrheits-Wissen nur eine unendliche Annäherung? Cusanus sah zunehmend, daß dies nicht möglich wäre; er sprach mit wachsender Zuversicht aus, daß wir einen Vor-Blick auf die Wahrheit haben müssen, um unsere Erkenntnisse als Annäherung beschreiben zu können. Wir müssen den Kreis kennen, um sicher zu sein, daß unsere Erkenntnisse ein immer inadäquat bleibendes Vieleck in ihn einschreiben. Cusanus mußte nach *De docta ignorantia* das Verhältnis der Erkenntnis zur Wahrheit neu fassen. Eine erste prinzipielle Analyse des Verhältnisses von Geist und Sachen findet sich in *De coniecturis* (zentral: I 4 n. 12–14). Unser Geist, (ich sage dafür von jetzt an mit Cusanus: die mens, weil die Übersetzung neue Unschärfen mit sich bringt), die mens muß ihrer Natur nach davon ausgehen, daß sie alles umfaßt und begreift. Sie weiß, daß es keine Sachen, res, geben kann, die ihrem Anblick grundsätzlich entzogen blieben. Sie weiß daher, daß sie in allem ist und daß alles in ihr ist. Sie sucht und findet in allen Dingen sich selbst, nicht nur in den ihr nachgeordneten Natursachen, sondern in allen Stufen der proklisch vierfach gestuften Realität. Sie schaut ihre eigene Einheit an – in dem einfachsten Geist des Erschaffers, dann in der Sphäre der intelligentia, in den Hervorbringungen der anima bzw. ratio und zuletzt auch in der massiven Körperlichkeit der Naturdinge. Alle vier Einheiten, auch die kompakt erscheinende Welt sinnlicher Dinge, sind geistige Einheiten, *unitates mentales*, und alle vier Einheiten charakterisiert die mens in sinnlichen Klangzeichen (De coni. I 4 n. 14, 1). Die mens drückt ihre Selbstanschauung, die alle Realität umfaßt, aus in einem Vokabeluniversum. In diesem erscheint auf sinnliche Weise der produktive menschliche Geist, dessen Tätigkeit Cusanus ohne theologische Bedenklichkeit „erschaffen“ (creare), aber auch „bilden“ (*figurare* oder *fingere)* nennen kann.

Der Text wirft viele Fragen auf. Ist dieser „Geist selbst“, die *mens ipsa*, der Ursprung aller Realität? Gibt sie sich selbst die Wahrheit? Ist sie, wenn sie nur sie selbst ist, unfehlbar? Halten wir vorerst fest: Die Körperwelt ist nicht der Ursprung, sondern das Abgeleitete; die ratio nimmt ihr Konzept von Sein, also das Maß der entitas, nicht von der Außenwelt, sondern von der höheren Einheit her, die Vernunft, intelligentia, heißt. Sie zehrt von ihr, so wie die Zahl 10 von der 1, die Zahl Tausend von der Hundert stammt. Es ist von der *mens ipsa* die Rede, *vor* der Ausgliederung der Bereiche und *vor* ihrer sprachlichen Artikulation; diese *mens ipsa* schaut *sich*, genauer *ihren* ganzen Seinsreichtum, *universam suam entitatem*, in allem an, was sie betrachtet. Sie nimmt ihren Begriff von „Sein“ (entitas) nicht aus der Natur auf, sondern sieht „Sein“ als die vierfache Ausgliederung ihrer eigenen universalen *entitas*. Cusanus analysiert die Begriffs- und Vokabelwelt nicht von ihrer Abbildfunktion von angeblich selbständig vorhandenen res her, sondern als das sinnliche Figurieren der Selbstanschauung der mens ipsa, die sich in Gott, in Vernunft, Verstand und sinnlicher Erfahrung selbst erfaßt.

Der Erkenntnisvorgang ist damit eingefügt in einen vierfach gestuften Prozeß der Selbstanschauung des Geistes. Die Dinge kommen aus dem Einen und dem Intellekt; die ratio strukturiert die sinnlichen Dinge: Unsere mens ist die Einfaltung, complicatio, aller Vielheiten; sie ist der Grund, der Unterscheidung, Proportion und Zusammensetzung bewirkt. Der Intellekt steigt in die ratio und diese in die Sinne hinab, und dieser Abstieg ist zugleich der Aufstieg der Sinneserkenntnis zu den höheren Einheiten. Der Abstieg ist der Aufstieg (De coni. II 16 n. 161, 8–10). Die Wahrnehmung oder die sinnlich gebundene Vorstellung (imaginatio) ist als Tätigkeit der Seele und die Seele als abgestiegener Intellekt zu denken; die Seele wiederum *ist* im Sehen als Sehen, im Hören als Hören. Wer Erkenntnis begreifen will, darf nicht diesen Gesamtvorgang den Trennungen des Verstandes unterwerfen. Wenn insbesondere vom Intellekt die Rede ist, müssen wir uns intellektueller Termini bedienen. Diese haben den Charakter der Koinzidenz; ihnen steht kein Gegenbegriff unvereinbar gegenüber (De coni. I 6 n. 25, 1–5). Wird also gefragt, ob der Intellekt identisch ist mit der Wahrheit oder von ihr verschieden, ob er ruht oder in Bewegung ist, ob er rezeptiv oder aktiv-produktiv ist, dann erklärt Cusanus alle diese Alternativen, die sich in Gegensatzpaaren bewegen, für hinfällig. Wer daher – wie Cusanus selbst auf der *De docta ignorantia*-Stufe – die Koinzidenz nur für die oberste Einheit gelten läßt, wer sie also als Charakteristikum Gottes betrachtet, wird bei der Analyse der Erkenntnis sich in bloß rationalen Begriffen bewegen und sich in unangemessenen Alternativen verlieren. Es ist notwendig, sich *intellektueller* Begriffe zu bedienen, die keinen Gegensatz an sich dulden: necesse est, ut intellectualibus fruaris terminis, qui nullum incompatibile habent oppositum.

6. Der Geist als Einfaltung und Ausfaltung

Ein wichtiger und charakteristischer Text sind die Kapitel 2 und 3 von *De mente*, 1450. Wieder geht die Überlegung von der *mens* aus. Sie ist das Maß aller Dinge (De mente 1 n. 57, 5). Der Laie definiert sie als jene Kraft (vis) in uns, welche die Urbilder aller Dinge begrifflich (notionaliter) in sich zusammenfaßt (l. c. 2 n. 58, 9–11). Die Einfaltung der Urbilder der Dinge in unserer Vernunft geschieht durch die von uns produzierten Begriffe. Wir produzieren Begriffe, nicht die Urbilder. Wieder verbindet Cusanus diese Bestimmung mit der Vokabelbildung. Wörter sind das Werk des

Verstandes, der ratio, die das Wesen der Dinge nicht erfaßt, aber in ihrer abteilenden, unterscheidenden Bewegung die Dinge distinkt benennt, ohne den genauen Namen, vocabulum praecisum, erreichen zu können. Der Mitunterredner des Laien, der Philosoph, versteht dies schulgebunden als die Theorie vom *konventionellen* Charakter der Wörter, aber der Laie drängt darüber hinaus auf eine Beziehung der Vokabeln zu der Wesensform der Dinge. Die Verstandessprache schaffe einen angemessenen, allerdings keinen genauen Namen; sie bewirke ein *nomen congruum*, wenn auch kein *nomen praecisum*. Die Konvention spielt in die Wortbildung hinein, diese geschieht konventionell, aber entfernt sich nicht ganz von dem nomen naturale, das sich aus der Wesensform der Dinge ergibt (l. c. 2 n. 64, 1–5). *Nomen naturale* bezieht sich nicht auf Natursprache oder vorsprachliche Zeichen, sondern bedeutet den Wesensnamen, der widerleuchtet (relucet) in den verschiedenen Rationalnamen (l. c. 2 n. 64, 7). Cusanus analysiert das Verhältnis von Verstand, ratio, Sache, res, und Vokabel, also von Begriffsproduktivität, Wahrheit und Vokabelwelt, dann folgendermaßen:

Die Welt ist die sinnliche Darstellung der unterscheidenden und zugleich verbindenden Tätigkeit der ratio, die die Unterschiede der Sachen, res, nicht abbildet, nicht wiedergibt, sondern macht, facit. Damit spricht Cusanus scharf aus: Es ist der Verstand, der die Gliederung unserer Welt *macht*. Er schafft sie nicht willkürlich, sondern im Blick auf die in der mens selbst zusammengefaßten Urbilder, exemplaria rerum. Die Ideen stehen nicht wie Standbilder fertig im Geist herum. Sie haben in ihm *seinen* Modus, also den der Tätigkeit. Der Geist ist Aktivität; er ist eine sich selbst bewegende lebende Zahl (l. c. 7 n. 97). Er bildet aus sich selbst heraus die Begriffe; er ist aus sich heraus die Bewegung zu den reinen, ideenhaften Formen (l. c. 7 n. 104, 1–13). Die mens ist ihrer Natur nach die Gewißheit, alles Wirkliche und Mögliche berühren zu können (l. c. 11 n. 141, 2–10). Der Geist weiß: Die Urbilder sind ihm zugänglich. Er erblickt sie in sich selbst, doch ist dieser Blick dem Zufall geschichtlicher Umstände und der kontingenten Sicht des Namensgebers ausgesetzt; er wurde angestoßen durch sinnliche Erfahrung, die der gliedernden Ordnung, also der Benennung bedarf (l. c. 2 n. 64, 7–11).

Unsere Erkenntnis fängt mit den Sinnen an; dieser Ausgangspunkt ist unentbehrlich. Nichts ist im Verstand, was nicht zuvor in den Sinnen war. Cusanus sagt zwar, der Verstand, die ratio, *mache* die Unterschiede und Gemeinsamkeiten, aber er dachte die sinnliche Welt nicht als chaotisches Gewühl. Hölzer und Steine haben ihr Maß in sich; sie erhalten es vom unerschaffenen Geist (l. c. 9 n. 117, 5–8). Sie weisen Ähnlichkeiten auf, aus denen die ratio ihre Ordnungsschemata „erjagt" (l. c. 2 n. 66, 4–7). Es gibt keine sinnliche Welt, die nicht aus dem Einen, dem Unum, der Vernunft, aus der intelligentia, und der ordnenden Tätigkeit des Verstandes, der ratio, hervorgegangen wäre. Die von uns produzierten Begriffe haben insofern ein Vorgegebenes. Allerdings ist es nicht dinghaft und abbildbar vorgegeben. Das Wort „vorgegeben" verändert hier seine Bedeutung. Diese Frage wird uns unter dem Stichwort „Die Gliederung der Welt" noch beschäftigen. Hier sei festgehalten: Unsere Vokabeln sind abgeschattete Bilder des unerreichbaren genauen Nomens, der Idee. Jede benannte Sache ist ihrerseits das Bild ihres genauen, sprachlich nicht exakt erreichbaren Urbildes. Besäßen wir den präzisen Namen einer einzigen Sache, besäßen wir ihn für alle Sachen, denn die praecisio *ist* Gott, die Wahrheit aller wißbaren Dinge. Allein das göttliche Verbum ist die Genauigkeit jedes sprachlich faßbaren Namens (l. c. 3 n. 70, 15). Aber so wie Gott die Einfaltung, complicatio, aller Dinge ist, so ist die mens das Bild, imago, dieser einfachen Zusammenfaltung aller Dinge. Der göttliche Geist ist die Gesamtheit der Wahrheit der Dinge; unser Geist ist die Gesamtheit der Anähnlichung der Dinge, universitas assimilationis rerum (l. c. 3 n. 72, 4–5). Er ist das Begriffsuniversum, notionum universitas. Die Tätigkeit des göttlichen Geistes ist die Hervorbringung aller Dinge, die Tätigkeit unseres Geistes ist die Hervorbringung der Begriffe aller Dinge. So universal wie Gottes Erschaffung, so universal ist unser Geist als Anähnlichung, assimilatio. Im göttlichen Geist sind alle Dinge als in ihrer präzisen Wahrheit; in unserem Geist als im Bild (imago) des göttlichen sind alle Dinge begrifflich, notionaliter, aufgrund von Ähnlichkeit, similitudo. Wie in Gottes Geist alle Dinge als deren Urbilder sind, so sind sie in unserem Geist begrifflich als Ähnlichkeiten der Dinge, rerum similitudines. Gottes Geist ist die Zusammenfaltung, complicatio, aller Dinge, unser Geist ist Bild der unendlichen Seinsheit und als solches die Einfaltung aller Bilder, complicatio imaginum (l. c. 3 n. 73, 1–11). Unser Geist umfaßt aber nicht nur die Abbilder, sondern die Urbilder, die exemplaria, begrifflich, und aufgrund dessen benennen wir. Unser Geist ist als Bild der unendlichen Genauigkeit auch das Urbild, exemplar, aller weiteren Annäherungen an die Wahrheit. Wenn der König unbekannt ist und es von ihm nur ein einziges Bild gibt, dann ist dieses Bild das Urbild aller weiteren Königsbilder. Gott, die genaue Wahrheit, ist unbekannt, aber unser Geist ist sein erstes und insofern einziges Bild, prima imago. Alle weitere Wahrheitsbewegung geht nur über unseren Geist, ut mens sit imago dei et omnium dei imaginum post ipsum exemplar (l. c. 3 n. 73, 8–9). Was kann das heißen? Diese Aussage des Cusanus hat zu unerlaubten Modernisierungen gereizt. Diese wiederum hat neuerdings besorgte Proteste ausgelöst (vgl. die von Henke 1969, 110 Anm. 183, als Kritik an Blumenberg 1966, bes. 495f., 503, und Volkmann-Schluck 1957 vertretene These, es bestehe bei Cusanus kein Widerspruch zwischen Assimilation und Produktivität des Geistes; sowie die erregten Proteste von Hopkins 1996 und Benz 1999). Bei Cusanus bedeutet sie: Unser Geist ist für uns der Maßstab der Welthierarchie; wir bewerten Pflanzen und Tiere je nach ihrer Annäherung an den menschlichen Geist als höhere oder niedere Wesen. Unsere mens ist deswegen nicht Geschöpf wie andere Geschöpfe; sie ist nicht Ausfaltung, explicatio, der unendlichen Einheit, sondern Bild der ewigen Einfaltung, complicatio. Sie ist wesenhafte Tätigkeit; sie ist eine sich selbst bewegende Zahl, numerus se movens (De mente 7 n. 97, 5). Der Geist ist lebendige Zahl; er findet aktiv in sich die Urteilsgründe, aufgrund derer er alles bewertet; er ist kreativ auch in der Assimilation, und er unterwirft sich nicht Dingen der Außenwelt, sondern assimiliert sich den reinen Formen, die er selbst aktiv gewonnen hat (l. c. 7 n. 104, 1–2).

De mente enthält zwei Aussagenreihen: Eine weniger betonte hebt hervor: Der menschliche Geist bewirkt nicht wie der göttliche die Hervorbringung der Dinge, er produziert nur deren Begriffe. Unser Denken ist Anähnlichung, assimilatio, und muß, um wahr sein zu können, seine ordnende, benennende Tätigkeit beginnen anläßlich sinnlicher Eindrücke; es wird dabei geleitet von einem Aufblick der Vernunft auf die in der Natur verwirklichten Ideen. Eine zweite, stärker akzentuierte Aussagenreihe betont a) den tätigen, sich selbst bewegenden Bezug unserer mens auf die Urbilder der Dinge, der freilich immer kontingent gebrochen bleibt und im Zusammenhang sinnlicher Erfahrung aktuiert wird,

b) die ausschließliche Urbildfunktion der mens als complicatio, nicht explicatio, im Bezug auf alle übrige Realität: einziges Bild des unbekannten Königs, Urbild alles Nachfolgenden, also aller Sachen, res. Folgt man dieser Überlegung, dann bedeutet die Cusanische Etymologie der mens von messen, mensurare (De mente 1 n. 57, 5), daß die mens nicht nur in dem Sinne mißt, wie ein Einzelmensch mit einem bereits von anderen festgesetzten Metermaß ein Stück Stoff abmißt, sondern daß sie Maße setzt und aufgrund eigengesetzten Maßes die res und die Vokabeln beurteilt im intellektuellen Aufblick zu den in ihr begrifflich eingefalteteten Urbildern der Dinge.

Cusanus hat die beiden Verhältnisbestimmungen von Geist und Sachen nicht ausdrücklich koordiniert. Aber er hat gesagt, die mens sei koinzidental zugleich Einheit und Vielheit, Ruhe und Bewegung, Selbstbewegung und Assimilation. Er hat die Analyse der rationalen Weltordnung in den Zusammenhang des metaphysischen Hervorgangs aus dem Einen auf dem Weg über den gegensatzfreien intellectus und die ratio gestellt; eine empiristische Erkenntnislehre oder auch nur der Entwurf einer rein empirisch-rationalen Theorie der Begriffsbildung und Benennung stand außerhalb seines geschichtlichen Umkreises. Zwischen Anähnlichung (assimilatio) und mentaler Produktivität besteht bei Cusanus kein Widerspruch. Das heißt nicht, daß es historisch erlaubt wäre, die Theorie des Kardinals auf die Abstraktionslehre des heiligen Thomas zu reduzieren. Indem Cusanus in *De beryllo* dem Protagoras recht gibt, verstärkt er die nicht-empirische Komponente seiner Erkenntnismetaphysik und Vokabeltheorie: Die Dinge sind objektiv so konstruiert, damit wir sie erkennen und sprachlich fassen können. Gleichzeitig hören wir von Anfang an, die Erkenntnis bewege sich in der Differenz von In-sich-Sein und In-einem-anderen-Sein. Cusanus stellte die faktisch erfolgende Wahrnehmung als die höhere Lebenseinheit über die bloßen Sinnesdinge; das rezeptive Moment in der Wahrnehmung, das er nie verleugnen wollte, dient der Umformung in seelische Aktivität, die einen umfassenden, über alle Einzelwahrnehmung hinausgehenden Lebenstrom darstellt (De ber. n. 64, 3 und n. 66, sowie n. 71, 3–4; vgl. auch n. 5, 9 und n. 47, 1–5).

Die späte Schrift *Compendium* von 1463 präzisiert: Eine Sache muß zuerst in sich selbst sein, bevor sie erkennbar werden könne.

Niemand könne leugnen, daß die Sache ihrer Natur nach dem Erkennbar-Sein vorangehe (Comp. 1, 8). Daher könne die Weise des Seins, der essendi modus, weder von den Sinnen, sensus, noch von der Vorstellung, imaginatio, noch von der Vernunft, vom intellectus, erfaßt werden, da der essendi modus all diesen Vermögen vorausliege. Alle Erkenntnisformen *bezeichnen* nur diesen ontologisch primären essendi modus, illum priorem essendi modum tantum significant (Comp. 1, 11–16). Wir würden also nicht die Sache selbst, res ipsa, sondern nur deren Ähnlichkeiten oder Zeichen erfassen, also die von uns produzierten Begriffe. Das klingt, als reiße Cusanus einen Graben auf zwischen Sache selbst und deren bloßen „Zeichen". Dann wäre die Einsicht aus *De mente* und *De beryllo*, daß wir das Maß aller Dinge sind, zusammen mit jeder apriorischen Erkenntnismetaphysik suspendiert. Manche Forscher haben daher von einem nominalistischen Einschub in der Philosophie des Cusanus gesprochen. Dies geht, scheint mir, in die falsche Richtung, aber die Frage stellt sich: Wie paßt das alles zusammen? Dies wäre nur in exakter Textarbeit zu entscheiden, für die hier nicht der Raum ist. Ich gebe nur wenige Hinweise; sie laufen darauf hinaus: Cusanus hat seinen homo-mensura-Satz nicht aufgegeben; die späten Einschränkungen dementieren nicht die Erklärung des Cusanus in *De apice theoriae*, er habe sich zu immer größerer Erkenntniszuversicht durchgearbeitet.

1. Auch dem *Compendium* zufolge haben wir einen geistigen Hinblick, einen visus mentalis, auf das, was aller Erkenntnis vorausliegt. Wir blicken über die Zeichen hinaus oder durch sie hindurch. Wir kennen nur die *signa,* aber wir wissen, daß sie Zeichen des Lichts, *signa lucis,* sind. Unser Wissen ist Zeichenwissen. Seine Theorie, die sich auf die Analyse des Nichtwissens gründet, nennt Cusanus „docta ignorantia".

2. Alle apriorischen Absicherungen der Korrelation von Erkenntnis, Sache und Zeichen beziehen sich auf die faktisch vorausgehende, aber in der Prinzipienabfolge viertrangige Sinneserkenntnis.

3. Cusanus hat durchgängig die Einfaltung, complicatio, aller Dinge in der mens als begrifflich, notionaliter, charakterisiert; dies schloß Angleichung, assimilatio, ein und nicht aus. Unser Geist ist das Maß des Wesens der Dinge, aber in dem Sinne, daß er der objektive Maßstab ihrer hierarchischen Plazierung im Universum ist,

nicht als schaffe er die Dinge selbst und als seien die Dinge nicht, wenn wir sie nicht erkennen. Dies stellt *De venatione sapientiae* c. 29 noch einmal klar: Wir sind Urbild unserer Begriffe und Termini, nicht der Sachen selbst. Die relative Skepsis machte immer einen Teil des Cusanischen Denkens aus; die Negation war nie nur negative Theologie, sondern auch die Verneinung, die in jeder Wesenserkenntnis der Affirmation vorausgeht, auch dem Abglanz des nomen naturale in unserer gesprochenen Sprache. Die Negation geht der Affirmation der Eigenschaftserkenntnis voraus. Unsere selbstproduzierten Begriffe und unsere Wörter beziehen sich ebenso auf eine vorausliegende Sinneserkenntnis wie auf das negativ gewußte Wesen. Zur Einsicht kommt, Cusanus zufolge, nur, wer begreift, daß Negationen grundlegender sind als Affirmationen und daß wir nur so, negativ, Qualitäten und Wesenheiten in Beziehung setzen. Wir bezeichnen nur Eigenschaften, nicht die Wesenheiten; aber die Zeichen, für deren Zeichencharakter sinnlicher Stoff unentbehrlich ist, haben dennoch einen Bezug auf die Wesenheiten; sie folgen ihnen, bezeichnen sie aber nicht. Indem die Vernunft verneint, daß die Vokabel das Wesen zeige, berührt sie negativ die Wesenheit. Cusanus hat die Negation nicht auf die theologia negativa eingeengt, sondern ausdrücklich auf das Verhältnis jeder Vokabel zu ihrer Sache bezogen; unser Wort, unsere Begriffe und unsere Zeichen dachte er als ein zur Wesenheit nichtadäquates Mischprodukt aus Erdenstoff, Konvention und gebrochenem, aber nicht aufgegebenem Wesensbezug. Das ist kompliziert, und es wird noch komplizierter durch die Mahnung des Cusanus, das intellektuelle Leben nicht den Begriffen zu unterwerfen, die dem gegensatzverhafteten Verstandesdenken entspringen, aber einfacher läßt sich über das Verhältnis von Geist und Sachen, von Wahrheit und Begriffsproduktion bei Cusanus nicht sprechen. Wem diese Zusammenhänge undurchsichtig bleiben, der kann sich an der kulturgeschichtlichen Tatsache freuen, daß Cusanus nicht nur die Begriffsproduktion untersucht, sondern auch die handwerklich-künstlerische Tätigkeit des Menschen aufgewertet hat, als er ihn mit Hermes Trismegistus einen zweiten Gott nannte. Damit machte er die Welt der Kultur als Werk des schöpferischen Menschen zum Thema der Philosophie.

Zweiter Teil:
Koinzidenz und Konsequenzen

I. Koinzidenz

1. Koinzidenz als Brille

Die Koinzidenz war seit 1438 das zentrale Motiv der Cusanischen Schriften, sofern sie, wie *De beryllo,* esoterischen Charakter hatten. Die vier Hauptsätze der Cusanischen Philosophie zeigen deren Grundlagen an, doch war bei deren Begründung die Koinzidenz immer schon in Anspruch genommen. Die Koinzidenz ist nicht die logische Folge der vier Prämissen; die Leitsätze konnte und wollte Cusanus nicht erläutern, ohne dabei die Koinzidenz ins Spiel zu bringen. Sie ist die „Brille", durch die allein die Ausgangswahrheiten der Cusanischen Spekulation zu sehen sind. Daher begleitet das Thema der Koinzidenz den Leser von *De beryllo* vom ersten Satz an. Ich versuche nun, das Ergebnis der Schrift im Hinblick auf das Thema „Koinzidenz" präzisierend zusammenzufassen:

Die Koinzidenzlehre ist ein neuartiges Verfahren, nicht nur ein „theologischer" Inhalt. Sie ist eine Vorgehensweise. Sie besteht darin, von jeder Größe das Maximum und das Minimum zu bilden und beide – durch die Winkelbetrachtung geleitet – gedanklich zu verfolgen, bis das Maximum mit dem Minimum zusammenfällt und dann das Prinzip oder den Grund durch den Zusammenfall von Maximum und Minimum hindurch zu betrachten. Von der Erfahrung – oder im Gleichnis: von den verschiedenen Winkeln – herkommend, erfassen wir die Linie als zugleich Maximum und Minimum. Wir können aus dieser Sicht sagen, die Linie *sei* der Zusammenfall des Maximum mit dem Minimum. Diese Sicht herrschte in *De docta ignorantia* vor und blieb eine *phasenhafte* Wahrheit, doch wollte Cusanus sie später (De ven. sap. 7 n. 18; vgl. De Poss. n. 9, 18–25) im Sinne von *De beryllo* gelesen wissen, denn bei genauer Betrachtung zeigt sich: Die Linie, die der Grund des größten und des kleinsten Winkels ist, ist weder das Maximum noch das Minimum. Für die Erkenntnis des Weltgrundes und seines Bildes heißt das: Wir würden ihn nie richtig erfassen, würden wir ihn nicht als Maximum und Minimum zugleich denken; wir müssen *hindurch* durch die intellektuelle Selbstkorrektur des rationalen Denkens; diese ist nicht durch mystische Erhebungen oder durch Glaubensgehorsam zu ersetzen; aber als Prinzip steht er *über* dem Zusammenfall des Maximum mit dem Minimum des von ihm Begründeten. Worauf die Koinzidenzlehre von 1458 besteht, ist also nicht, daß das erste Prinzip der Zusammenfall der Gegensätze ist, sondern daß wir denkend durch den Zusammenfall der Gegensätze hindurchgehen müssen, um es zu erfassen.

Cusanus hat diese Klarheit erst im Laufe vieler Untersuchungen gefunden. In *De docta ignorantia* dachte er das Prinzip oder Gott als Zusammenfall der Gegensätze. Seit *De coniecturis* (um 1442) lehrte er, das Prinzip oder Gott stehe jenseits der Gegensätze. In dieser Form hat Cusanus die Koinzidenzlehre festgehalten. Der Zusammenfall der Gegensätze findet von da an auf niederer Stufe statt; er ist die Eigenheit des Vernunftdenkens. Der Intellekt oder die Vernunft ist die Einheit oder die complicatio der Gegensätze, die für den Verstand (ratio) unvereinbar bleiben. Im Intellekt sind Einheit und Vielheit, Einfaltung und Ausfaltung, Ruhe und Bewegung dasselbe (De coni. I 6 n. 23, 6–15). Bei seiner Selbstverteidigung (*Apologia*) des Jahres 1449 riet Cusanus dem Leser, sich zuerst einmal klar zu machen, daß geistige Einsicht die Einheit von Ruhe und Bewegung ist. Wer dies begriffen habe, könne sich dann leichter von anderen Widersprüchen befreien (Apol. h II 15, 20–22). 1458 wird daraus die „Brille“, durch die hindurch wir den Grund sehen.

Cusanus erklärt dies jetzt anhand der Linie: Die Linie ist das einfache Prinzip; in der Erfahrung bilden sich immer zwei oder mehrere Winkel. Der Winkel, der zugleich Maximum und Minimum ist, kommt *vor* der Zweizahl der Winkel, aber *nach* der einfachen Linie (De ber. n. 10, 13–14). Die Bestimmungen „vor“ und „nach“ sind nicht zeitlich zu verstehen; sie bezeichnen Grund-Folge-Verhältnisse. Denn das Koinzidenzverfahren ist keine willkürliche Zutat, die wir der Linie oder überhaupt dem Grund hinzufügen. Die Linie ist *auch* der Zusammenfall des größten mit dem kleinsten Winkel. Nur erreicht diese Zwischenbestimmung nicht deren einfaches Grund-Sein. Wir müssen sie denkend übersteigen; sie ist die Einleitung der intellektuellen Sichtweise oder der Beryll; sie ist nicht die letzte Stufe der Betrachtung.

2. Zusammenfall der Gegensätze und der Widersprüche

Was fällt zusammen? Darauf antwortet die Koinzidenzlehre in zwei Schritten: Entgegengesetzte Bestimmungen – wie spitzer und stumpfer Winkel – fallen in ihrem Grund, der einfachen Linie, zusammen. Oder in theologischer Sprache: Die in der Welt entgegengesetzten Vollkommenheiten – wie Gerechtigkeit und Barmherzigkeit – fallen im göttlichen Einen zusammen, denn das Prinzip muß das schlechthin Einfache sein. Dieser Gedanke war der philosophischen Theologie vor Cusanus geläufig; sie hatte, an die Prinzipienlehre des Aristoteles anschließend (Physik II 7, 198a24), behauptet, in Gott fielen Formal-, Wirk- und Zielursache zusammen; Raimundus Lullus hatte daraus ein methodisches Vorgehen gemacht, und Heymericus de Campo hatte, wie schon gesagt, in diesem Zusammenhang auch den Terminus „Koinzidenz" gebraucht (zu Lull vgl. Flasch 1998, 437–450). Auf den umstrittenen Außenseiter Lull wollte der Diplomat Cusanus sich nicht berufen; er zog es vor, seinen Gedanken dem „größten aller Theologen", Dionysius Areopagita, zuzuschreiben. Dieser habe erfaßt, daß gegensätzliche Bestimmungen (invicem contraria) in der Allursache eine einfache Einheit bilden (De ber. n. 11). Diesen ersten Schritt nannte ich die *schwache* Form der Koinzidenzlehre.

Den zweiten Schritt bildet die *starke* Form der Koinzidenzlehre. Sie behauptet, die stärkste Form des Gegensatzes, der Widerspruch, die contradictio, sei denkend zu überwinden. Aristoteles hatte es ausgeschlossen, daß zwei einander formell widersprechende Aussagen, die von demselben in derselben Hinsicht das Gegenteil behaupten, beide wahr sein können. Damit hat er den europäischen Typus der Rationalität geprägt: Wer seitdem auf Widersprüche stieß, mußte sie zu beseitigen suchen. Am besten durch Unterscheidungen. Philosophisch denken lernen, das hieß daher: unterscheiden lernen. Widersprechende Sätze waren auf verschiedene Subjekte, auf verschiedene Gesichtspunkte („Hinsichten") oder auf verschiedene Zeitpunkte zu verteilen. Das „scholastische" Denken, das sich seit der Aristoteles-Rezeption des 13. Jahrhunderts herausgebildet hatte, war eine Schule des Unterscheidens zwecks Widerspruchsvermeidung. Sophisten, sagte man und dachte dabei an Protagoras, lassen widersprüchliche Aussagen zu; Philosophen wissen zu unterscheiden. Daraus ergab sich das Überwuchern von Verstandesformen über Vernunftinhalte, das Cusanus an der mittelalterlichen Theologie kritisierte, nicht erst seit der schroffen Distanzierung von Albert dem Großen in *De beryllo* n. 32, sondern bereits in *De coniecturis* und in der *Apologia.*

Es waren nicht nur theologische Aussagen, die diesen Standard – was wahr ist, muß widerspruchsfrei sein – in Frage stellten. Gewiß hatte Dionysius Areopagita geschrieben, man könne vom göttlichen Einen zugleich sagen, es sei Grenze und unbegrenzt, es sei in Ruhe und zugleich in Bewegung, und es sei weder in Ruhe noch in Bewegung; Cusanus zitierte diese Stelle (De ber. n. 11). Da Gott von absoluter Einfachheit sein sollte, bot er keine Handhabe für sachbegründete Unterscheidungen. Eine solche doch noch irgendwie zu erfinden kostete den Schweiß der edelsten Scholastiker. Cusanus sah diese Versuche als gescheitert an. Er suchte, wie er sagte, einen Weg oberhalb der scholastischen Denkrichtungen. Er wollte heraus aus dieser Schule des subtilen Distinguierens. Dann aber mußte er gegen Aristoteles und fast die gesamte Tradition anerkennen, daß widersprechende Sätze bezüglich desselben Gegenstandes und derselben Hinsicht wahr sein können. Dann bedeutete die Koinzidenz auch das Zusammenfallen der contradictoria, der widersprechenden Sätze. Vom ersten Grund muß man sowohl sagen, daß er ein Maximum wie daß er ein Minimum ist. Beide Sätze sind wahr, und nur beide zusammen führen ein in die wahre Gotteserkenntnis. Aber entgegen einer alteren Neigung einiger Cusanusforscher, die Koinzidenzlehre zu theologisieren, sie zu ignorieren oder solange abzuschwächen, bis sie „mit der wahren Scholastik aller Zeiten übereinstimmt" (Paul Wilpert), hat Cusanus darauf bestanden: Auch bei der Analyse anderer Verhältnisse müssen widersprechende Sätze zugleich gelten. Das gilt zum Beispiel in der Kosmologie; aber es gilt vor allem für das Selbstverständnis des Denkens. Das Denken ist zugleich in Ruhe und in Bewegung; beides ist von ihm zu behaupten; wer hier Unterscheidungen anbringen will, um den Widerspruch loszuwerden, verstößt gegen die Einfachheit des Denkens. Wer sich einmal mit dem Widerspruch vertraut gemacht hat, der das Denken *ist*, hat begriffen, daß Widerspruchsfreiheit kein Wahrheitskriterium bei philosophischen Forschungen sein kann.

Cusanus wollte das Kriterium der Widerspruchsfreiheit nicht beseitigen; er wollte seinen Geltungsbereich einschränken. Er unterschied in der geistigen Erkenntnis Verstand (ratio) und Vernunft (intellectus). Der Verstand habe die Aufgabe, Wahrnehmungen zu ordnen, also zusammenzufassen. Er bewegt sich in Unterscheidungen. An ihnen muß er festhalten, weil er sonst seine Ordnungsfunktion nicht ausüben könnte. Er muß Wortbedeutungen definieren; er produziert eindeutige Begriffe. Er achtet seiner Natur nach auf Widerspruchvermeidung. Dies gilt für das gesamte Arbeitsfeld des Verstandes; es charakterisiert die rationale Rede in deren gesamtem Verlauf, auch dann, wenn diese geführt wird, um Vernunfterkenntnisse vorzubereiten.

Aber der unkorrigierte Verstand unterstellt, *sein* Gesetz sei auch das Gesetz aller Realität. Er weiß nicht, daß er eine zwar notwendige, aber doch sekundäre Funktion der geistigen Erkenntnis ist. Er geht selbst aus einem Grunde hervor, der nicht seinen Regeln unterliegt, nämlich dem Intellekt. Der Intellekt weiß von sich, daß er zugleich in Ruhe und in Bewegung ist. In diesem Wissen von sich wird er zur „Brille". Er sieht durch das Maximum, das zugleich Minimum ist, hindurch. Dieses Wissen stellt Cusanus in *De beryllo* anschaulich vor. Es ist der Weg zu einer Reform der Philosophie und des christlichen Selbstverständisses. Daher ist ihm die Koinzidenzlehre die entscheidende Einsicht. Dionysius hat sie geahnt; Cusanus hat sie formuliert und gegen die Widerstände einer aristotelisierenden Epoche verteidigt. Er wußte, warum er sie vorerst nur als esoterische Weisheit anbieten konnte; sie widersprach den Vorurteilen von Jahrhunderten.

3. Das Maximum im Minimum sehen. Wechselseitige Immanenz der Gegensätze. Prinzipien einer neuen Physik

Die Schrift *De beryllo* trägt einige originelle Gesichtspunkte zur Koinzidenztheorie nach. Cusanus folgerte aus der Koinzidenz des Maximums mit dem Minimum, daß wir das Maximum finden, indem wir das Minimum bedenken. Auf der Suche nach dem Maximum sollen wir den Blick wenden und das Kleinste erforschen. So hat Cusanus versucht, aus dem Punkt als der ersten Ähnlichkeit des Einen erst die Linie, dann die Fläche und schließlich die Körperlichkeit der Welt abzuleiten (De ber. n. 21–23). Dies ist Koinzidenzdenken in nicht-theologischer Verwendung. Wie erwähnt, waren *Timaios*-Ausleger es gewohnt, die Körperlichkeit und insbesondere die vier Elemente aus geometrischen Figuren entstehen zu lassen. Cusanus teilte diese Sicht der Natur, hob aber hervor, er kenne ein noch besseres Beispiel für seine Art der Minimum-Maximum-Analyse, nämlich die Erforschung des Aufbaus des Universums aus der inneren Hierarchie des Menschen: Intellekt – Verstand – Seele – Natur – Körper. Vom Minimum, nämlich dem Mikrokosmos, führe der Weg zur Einsicht in den Aufbau des Makrokosmos (De ber. n. 24–25).

Die Koinzidenzlehre sollte eine Universalwissenschaft begründen. Cusanus betonte, sie bahne den Weg zu philosophischen Forschungen aller Art, ad quaeque indaganda (De ber. n. 1, 13). Sie erlaubt eine neue Selbsterkenntnis des Menschen als Vernunft; sie bringt auch eine neue Philosophie der Natur hervor. Dies zeigte sich schon im zweiten Buch von *De docta ignorantia.* Ausgehend von der Einsicht, daß es in der Erfahrung keine reinen Gegensätze gibt, weil das Maximum eines der Gegensätze auch dessen Minimum ist, lockerte Cusanus die ptolemäische Vorstellung von der ruhenden Position der Erde in der Mitte des Universums. Es gibt in der Erfahrung keine vollkommene Ruhe, denn ein Maximum an Ruhe wäre auch deren Minimum, also Bewegung. Die Erde kann nicht die absolute Ruhe sein; sie kann auch nicht den genauen Mittelpunkt bilden (De doct. ign. II 11). Dies war noch nicht die kopernikanische Wende, aber es war deren Vorbereitung, und sie hat nachweisbar bei Kopernikus eine Rolle gespielt. Das Beispiel zeigt, daß die Koinzidenzlehre durchaus neue, bislang unerhörte (prius inaudita) Ergebnisse auch in der Naturbetrachtung zur Folge hatte.

Dies gilt insbesondere in folgender Hinsicht: Sowohl bei Platon wie in der *Physik* des Aristoteles besteht die Philosophie der Natur in einer dualen Betrachtung: Eine Idee prägt den aufnehmenden Stoff; eine Form vereint sich mit dem Stoff zum konkreten Naturding. Man nennt diese Philosophie der Natur Hylemorphismus, weil sie auf dem Miteinander der zwei Prinzipien Stoff (hylê) und Form (morphê) beruht. Cusanus hatte diese Position schon in *De docta ignorantia* II 11 kritisiert. Er hatte eine Dreizahl von Prinzipien des Naturdings gefordert: Potenz, Akt und die Verbindung beider, von potentia und actus: conexio. Er hatte beanstandet, die duale Naturbetrachtung der Tradition überwinde nicht den Dualismus; dazu bedürfe es eines dritten gleichrangigen Prinzips, eben der Verknüpfung der beiden Prinzipien.

An dieser Korrektur der platonisch-aristotelischen Philosophie hat Cusanus festgehalten, aber in *De beryllo* begründet er sie neu in intensiver Auseinandersetzung mit Aristoteles. Er wollte den philosophischen Mangel aufweisen, der die Trinitätsphilosophie der antiken Philosophen, an deren Existenz er nicht gezweifelt hat, mangelhaft sein ließ. Cusanus hat sich in den fünfziger Jahren erneut mit Aristoteles befaßt. Er wies nun darauf hin, Aristoteles habe in seiner *Physik* wie in seiner *Metaphysik* die Gründe (archai) der Naturdinge dadurch gewonnen, daß er die Analysen seiner Vorgänger durchging und ihnen entnahm, die Gründe der Naturdinge seien gegensätzlich (contraria), nämlich Form und Stoff. Aber Aristoteles sprach auch manchmal von einem dritten Prinzip. Er nannte es Abwesenheit, Mangel, Beraubung (sterêsis, privatio). Dieses dritte Prinzip bereitet den Aristoteles-Lesern bis heute Schwierigkeiten. Es bekommt bei ihm keine scharf faßbare Statur. Cusanus kritisiert nun an Aristoteles, sein drittes Prinzip sei kein wirkliches Prinzip, und deswegen bleibe er im Dualismus der Form-Stoff-Betrachtung stecken. Aristoteles sei ein unermüdlicher und scharfsichtiger Forscher gewesen, aber er habe die Prinzipien der Naturdinge in ihrer Gegensätzlichkeit stehen lassen. Die Notwendigkeit und Gleichberechtigung eines dritten Wesensgrundes habe er nicht zulassen können, weil er es für unmöglich hielt, daß widersprechende Sätze zugleich wahr seien. Er hat die Widerspruchsfreiheit als erstes Prinzip aufgestellt; er hat gefolgert, gegensätzliche Bestimmungen könnten deswegen auch nicht in der Natur demselben Ding zugleich zukommen und nicht zukommen (De ber. n. 40).

Das naturphilosophische Ergebnis dieser Überlegung ist: Gegensätzliche Bestimmungen können in der Natur an einem und demselben Ding sehr wohl vorkommen, müssen aber durch ein gleichberechtigtes drittes Prinzip verbunden und in ihrem Mischungsverhältnis aufrechterhalten werden. Die Erde zum Beispiel ruht weder vollkommen noch ist sie in maximaler Bewegung. Wie viel sie an der Ruhe, wieweit sie an Bewegung teilhat, kann allein empirisch festgestellt werden; aber die Koinzidenzlehre leitet zu dieser messenden Konstatierung an. Cusanus hat eine eigene Schrift verfaßt, in der er Anleitungen gibt zu quantitativen Messungen aller Naturphänomene, einschließlich der medizinischen und psychologischen Prozesse (*De staticis experimentis*, 1450). Die Eindeutigkeit logischer Bestimmungen findet sich in der Natur gerade nicht; deswegen brauchen wir eine koinzidental denkende Philosophie der Natur plus einer strikt empirischen quantitativen Analyse. Aristoteles hat, von Cusanus her gesehen, zuviel Metaphysik in seine Physik gemischt, und er hat seine Metaphysik unter dem obersten Grundsatz des Verstandes entworfen. Deswegen blieb sein Denken ein Verstandeswissen von Vernunftinhalten. Er mußte die logisch eindeutig fixierten Gegensätze als auch in der Realität auseinander befindlich denken; er logifizierte die reale Welt. Seine Physik blieb erfahrungsfremd, weil seine Metaphysik die Koexistenz von Gegensätzen und die Wahrheit widersprechender Sätze ausschloß. Er ging davon aus, sein Verstandesgrundsatz der Widerspruchsfreiheit beherrsche auch die Natur. Er sah nicht, daß dies nur die Verstandesansicht der Natur ergibt.

Dies ist zunächst eine Kritik an Aristoteles. Aber mehrfach weitet Cusanus diese Kritik aus: Sie gilt gegen die gesamte bisherige Philosophie (De ber. n. 40, 5: omnes; n. 42, 11: omnes philosophi). Seine Kritik erfolgt aus prinzipientheoretischer Sicht, bei der es insbesondere um die Naturphilosophie ging. Es ist keine Kritik mit theologischen Argumenten. Cusanus sah die Begründungsfolge so: Weil die Philosophie bisher vom Satz des zu vermeidenden Widerspruch ausging, verschloß sie sich der Notwendigkeit eines dritten Prinzips. Weil sie dessen Notwendigkeit nicht entdecken konnte, entwickelte sie zwar eine Metaphysik des Einen und des Logos, nicht aber eine Philosophie der gleichwesentlichen Dreieinheit. Theologen, die auf aristotelischer Basis arbeiten, müssen die Dreieinheit zum strikten Glaubensgeheimnis erklären; sie können nicht deren innere Notwendigkeit zeigen. Was ihnen fehlt, ist nicht der christliche Glaube, sondern der Beryll.

Cusanus führt näher aus, was der Beryll in strikt naturphilosophischer Verwendung zu sehen gestattet:

Wir sehen durch den Beryll, daß in jedem Ding Gegensätze verknüpft sind. Ihr immanenter verbindender Seinsgrund steht *vor* ihrem Gegensatz. Der Sache, nicht der Zeit nach. In diesem dritten Prinzip, in der gleichwesentlichen Verbindung, fallen die Widersprüche (contradictoria), also nicht nur die konträren Gegensätze (contraria), zusammen, bevor sie in Zweiheit und Gegensatz auseinandertreten.

Die Prinzipien der Dinge sind das Nichts ihrer Principiata (De ber. n. 46, 10). Naturgegensätze haben Prinzipien, die der Ausgliederung auf die Gegensatzpaare vorausgehen, also ihrer Gegensätzlichkeit nicht unterliegen. Wer mit dem Beryll ein Glied des Gegensatzpaares betrachtet, entdeckt in ihm das gemeinsame Prinzip, dessen Negativität im anderen Gegensatzglied als empirischer Gegensatz innerhalb desselben Seinsbereichs, z.B. der Temperatur, auftritt. Das Prinzip des Warmen ist nicht warm; Prinzipien verhalten sich negativ zu dem von ihnen Begründeten. Das Nicht-Warme tritt in der Natur als das Kalte auf. So entdecken wir durch den Beryll im Warmen das Kalte. Dies gilt generell: In jeder Naturbestimmung steckt auch ihr Gegenteil, und dies erklärt, daß es in der Natur zu kreisförmigen Umwandlungen kommt und daß gegensätzliche Bestimmungen ein gemeinsames Subjekt haben (De ber. n. 46, 4–15).

Cusanus erklärt in *De beryllo* mit aller Energie, die Koinzidenzlehre führe zu einer neuen Physik (De ber. n. 44, 13–17; n. 45, 16; n. 46, 4). Sie ist ein universales Verfahren, keine instrumentalisierbare Hilfsleistung für die Theologie. In allem ist die Koinzidenz, und zwar als die Anwesenheit des negativ bestimmten Prinzips in einem der Gegensatzglieder. Dabei hat die Analyse der Minima einen gewissen Vorrang. In allem, also zunächst in den Naturdingen, sehen wir kraft der „Brille“, daß ein drittes Prinzip die Gegensätze vor ihrer gegensätzlichen Zweiheit zusammenhält und zusammenfallen läßt.

Dies allein würde ausreichen, den universalen Charakter des Koinzidenzdenkens klarzustellen, aber Cusanus bringt ein weiteres nicht-theologisches Beispiel; er blickt noch einmal auf die Winkel. Der Winkel, der im minimalen Sinne spitz ist, ist der rechte Winkel. Der Winkel, der im minimalen Sinne stumpf ist, ist ebenfalls der rechte Winkel. Im rechten Winkel koinzidieren die spitzen und die stumpfen Winkel; sie verlieren dort ihre Gegensätzlichkeit. Sie fallen im rechten Winkel zusammen, bevor sie in ihre Gegensätzlichkeit als rechter und stumpfer Winkel auseinandertreten. Damit geben sie einen Begriff von dem dritten Prinzip, vom Prinzip der Verbindung, das Aristoteles verfehlt hat, weil er seine Verstandesregel vom zu vermeidenden Widerspruch ontologisiert hat. Hätte er seinen dritten Seinsgrund, die Beraubung (sterêsis, privatio) als den Zusammenfall der Gegensätze verstanden und hätte er das Beraubtsein als die Abwesenheit der Gegensätzlichkeit der Gegensätze in dem sie verbindenden Dritten gedacht, dann hätte er die Koinzidenzlehre als universales Verfahren entdeckt. Aber dazu kam er nicht. Denn er hatte Furcht, er müsse zugeben, gegensätzliche Bestimmungen kämen demselben Subjekt zu; dadurch entging ihm der wahre Sinn eines dritten Seinsgrundes.

Cusanus sah die Grundlegung einer neuen Physik in der Neubestimmung des Verhältnisses von Form, Stoff und Verbindung; sie setze alles physikalische Geschehen (causae generationum et corruptionum) in neues Licht. Dies erfordere aber eine neue Philosophie des dritten Seinsgrundes, der Verbindung, des nexus (De ber. n. 43–44).

Wer sich daran gewöhnt hat, die Koinzidenzlehre nur als Theologumenon, gar als bloß plausible Umschreibung von Glaubensmysterien, zu verstehen, der möge eine Interpretation von *De beryllo* n. 43–47 vorlegen. Cusanus knüpft dort wiederum an Aristoteles an. Soeben hatte er ihn scharf kritisiert; aber sofort sucht er wieder verwertbare Elemente seiner Doktrin. Er findet, Aristoteles habe trotz seiner prinzipiellen Mängel etwas von der Koinzidenz geahnt. Vor allem dort, wo er in der *Politik* anleitet, das Maximum der politischen Realität, nämlich die Polis, von deren Minimum, nämlich der Familie, her zu untersuchen. In der *Metaphysik* sei er von seiner Einsicht wieder abgekommen; hier habe er die Gegensätze für unvereinbar erklärt. Hätte er sich an seine Entdeckung gehalten, hätte er also ein Verfahren entwickelt, jeweils das entgegengesetzte Minimum zu erforschen, um das Maximum zu erkennen, dann hätte er der Wissenschaft neue Bahnen eröffnet.

Der Entwurf einer nicht mehr aristotelischen Universalwissenschaft durch Cusanus ist von außerordentlicher Bedeutung, auch für die Rezeptionsgeschichte, insbesonders für das Verhältnis des

Giordano Bruno zu Cusanus. Ich charakterisiere ihn daher, Gesagtes zusammenfassend, noch einmal mit Cusanus selbst: Das neue Wissen geht davon aus, daß ein metaphysisches Prinzip nicht den Teilungsmodi seiner Principiata unterliegt. Es steht vor deren Auseinandertreten in die Gegensätzlichkeit. Der Beryll zeigt generell das Unteilbare in allem Teilbaren, insbesondere aber zeigt er die Gegensatzlosigkeit der Gründe der Gegensätze, und zwar in allen Weltbereichen. Cusanus zufolge gibt es nur ein einziges einheitliches Verfahren für alle Wissensgebiete (De ber. n. 45, 18; vgl. De poss. n. 13, 9–10). Jeder, der es erlernt habe, könne das, was der große Dionysius nur skizziert hat, ausdehnen und anwenden, und zwar nicht nur, hebt Cusanus eigens hervor, bezüglich der Namen Gottes, sondern generell bei der Erforschung der Natur. Es ging Cusanus nicht um bloße Wiederholung der Einsichten des Dionysius, sondern um ihre Durchsetzung gegenüber der aristotelisierenden Theologie selbst eines Albert, sodann um ihre universale Ausweitung und empirische Anwendung. Cusanus präzisiert, wie er die Prinzipien der Physik erneuert sehen will: Die koinzidentale Sehweise, seine Lupe, zeigt in jedem Glied des Gegensatzes die immanente Anwesenheit des entgegenstehenden Gegensatzgliedes. Nehmen wir noch einmal als Beispiel die Wärme. Das Prinzip der Wärme unterliegt keiner der Unterteilungen, die die verschiedenen Stufen des Warmseins zeigen. Der Grund der Wärme ist nicht warm; er ist nicht teilbar und nicht einteilbar nach Stufen des Warmseins. Er ist abgelöst von einzelnen warmen Gegenständen; er ist als der Grund der Wärme das Nichts seines Begründeten. Von diesem her ist er nur negativ zu bestimmen. Der Grund der warmen Dinge ist nicht-warm. Dieses nichtwarme Prinzip der Wärme findet sich faktisch vor im gegenüberstehenden Gegensatz des Warmen, nämlich im Kalten. Eine neue Physik weitet diese Betrachtung der Gegensätze aus. Sie zeigt, wie in einem Glied der naturhaften Gegensatzpaare dessen Gegenteil immanent anwesend ist; damit erklärt sie, weshalb zirkuläre Umformungen in der Natur die Regel sind (De ber. n. 46).

Cusanus gibt eine neue Erklärung der Umformungen in der Natur. Er glaubt erstmals zeigen zu können, warum sie innerhalb ihrer jeweiligen Gattung verlaufen. Er liefert damit eine wichtige Begründung nach für die aristotelisierende Naturphilosophie, aber auch für deren Konzept von Definition und Wissen. Um zur selbständigen Ausweitung seines Programms einer koinzidentalen Universalwissenschaft anzuregen, gibt er weiterführende Beispiele: Passivität wird umgeformt in Aktivität; der Schüler wird Lehrer; wer Formung aufnimmt (patitur informationem), wird Informator; was Erwärmung erlitten hat, wird selbst wärmespendendes Feuer; der sinnliche Eindruck, zunächst passiv aufgenommen, wird im Wahrnehmungsvermögen umgewandelt zu dessen Tätigkeit. Bei Gegensätzen, die wie die genannten innerhalb desselben Seinsbereiches bleiben, also demselben genus angehören, zeigt der Beryll, daß der Grund des einen Gegensatzgliedes immanent im entgegenstehenden Gegensatzglied anwesend ist (n. 47).

Aristoteles war seit der Mitte des dreizehnten Jahrhunderts, vor allem in der Physik, in der Metaphysik und in der philosophischen Theorie der Seele, der „Meister derer, die wissen“ (Dante, Göttliche Komödie, „Inferno“, IV 131). Es war ein Vorgang von geschichtlicher Tragweite, daß Cusanus ihn derart detailliert teils kritisierte, teils als unvollkommene Vorstufe seiner neuen Einheitswissenschaft zu gebrauchen versuchte. Es ging nicht nur um Theologie, sondern um ein neues Gesamtkonzept des Wissens. Die Transposition logischer Schemata in die Wirklichkeit sollte aufhören. Die Koinzidenzlehre beansprucht, die Ontologisierung bloß rationaler Formalismen zu beenden. Sie verwertet Aristotelische Anläufe, die beim Stagiriten steckengeblieben sind, und skizziert ein neues Bild vom Menschen, von Ökonomie und Politik. Sie gibt den Grundriß einer neuen Physik, die das immanente Anwesen des Gegenteils in jedem Naturding nachweist und dadurch Verfall und Werden in der Natur auf neue Weise begreiflich macht. Der Beryll zeigt alles, auch die unscheinbarsten Dinge, in neuem Licht. Wir müssen nur die rationale Verkrustung aufbrechen, die ein naiv ontologisierender Formalismus über alles gebreitet hat. Ihm ist es gelungen, sogar den Menschen sich selbst unbekannt werden zu lassen.

4. Koinzidentales Wissen vom Erkenntnisgrund

Die Einleitungsschrift des Nikolaus von Kues *De beryllo* hatte ein doppeltes Ziel: Erstens sollte sie die Voraussetzungen und den präzisen Sinn der Koinzidenz klarstellen. Zweitens sollte sie den

Traditionsbezug dieses neuen Denkens verdeutlichen. Beides wollte Cusanus nicht in lehrbuchartiger Abstraktheit mitteilen, sondern als Anleitung zum Selbersehen und zum distanziert kritischen Lesen. Das Ziel des Studiums sollte nicht darin bestehen, reden zu können wie die Lehrer; wir sollen urteilen als die bestallten Richter der Tradition.

Die Koinzidenzlehre ist ein Verfahren zur Erkenntnis der Prinzipien. Sie zeigt im Minimum das anwesende Maximum und ermöglicht somit eine konkrete, nicht bloß verbale Erkenntnis des jeweiligen Grundes, der gegensatzlos die jeweiligen Gegensätze in sich enthält. Sie gilt für Prinzipien jeder Art, also für alle Realgründe, die gegensätzliche Principiata aus sich entlassen. Ihre vorzüglichste Anwendung freilich hat sie in der philosophischen Theologie, also auf jenem Feld, das Parmenides und Anaxagoras eröffnet und das Platon wie Aristoteles erweitert, aber wegen ihrer Inkonsequenz in der teleologischen Weltsicht des Anaxagoras unvollkommen zurückgelassen haben. In diesem Zusammenhang erfolgt die schärfste Distanzierung von der Tradition. Cusanus bestand auf dem schroffen Abschied von Griechen, Arabern und allen Scholastikern, denen das entscheidende Erkenntnismittel, der Beryll, gefehlt habe (De ber. n. 32, 1). Allen fehlte die Koinzidenzlehre. So blieben sie ihrer Verstandesansicht von Vernunftinhalten verhaftet. So mußten sie verfehlen, was sie doch suchten. Mit besonderer Härte kritisiert Cusanus die Kommentatoren des Dionysius Areopagita; er hatte insbesondere Albert den Großen dabei vor Augen. Diese scholastischen Ausleger verfehlen, sagt Nikolaus, die Intention des Dionysius. Er war der einzige, der den Koinzidenzgedanken gefaßt hat. Aber statt daß die Kommentatoren diese Absicht herausarbeiteten und weiterentwickelten, legten sie ihn „disjunktiv" aus. „Disjunktiv auslegen", das heißt: Hinsichten unterscheiden, um den Widerspruch zu vermeiden. Sie brachten Unterscheidungen an, wo keine sachbegründet möglich sind, da das Prinzip von höchster Einfachheit ist. Sie übertrugen die Unterscheidungskunst des Verstandes, die ihren Ort in der Zurechtlegung der Wahrnehmungen hat, auf das Ganze und seinen Grund. Sie gingen nicht zur Vernunfteinsicht über. Ihr Abgleiten in logischen Formalismus ist verständlich: Es ist schwer, es ist eine große Sache, festen Stand in der Vereinigung der Gegensätze zu bewahren. Wir sind *auch* Verstandeswesen; unsere Reden und unsere Begriffe sind Verstandesprodukte; daher gleiten wir von der Höhe der Einsicht in den Zusammenfall der Gegensätze immer wieder ab. Schon Platon habe davon gesprochen, daß wir uns auf der Höhe unserer Einsichten schwerlich halten können. Gegen diese fast unvermeidliche Tendenz, Vernunfteinsichten durch rationale Termini zu verfälschen – eine Tendenz, die durch jahrhundertlange Schulung in disjunktiver Auslegung fast zur zweiten Natur geworden ist, obwohl sie nur eine korrekturbedürftige Gewohnheit darstellt –, gegen diese Neigung zum Selbstmißverständnis der Vernunft ist der Beryll das notwendige Instrument. Wer also den Grund aller Erkenntnis *sehen* will, der muß die „Brille" nehmen und durch das Maximum gleichermaßen wie durch das Minimum an Erkennbarkeit hindurch das gegensatzlose Prinzip der Erkenntnis sehen. Dann zeichnen sich zugleich Stufen ab, Stufen der Erkennbarkeit und der Erkenntniskraft. Das Universum und sein Aufbau kommen dann wieder in den Blick. Wie es bei der Winkelbetrachtung spitzere und stumpfere Winkel gab, so gibt es Grade der Erkennbarkeit und des Erkennens. Dies alles zeigt der Beryll (n. 32).

5. Trinitätsphilosophie

Er zeigt auch, daß die allesumfassende Einheit eine Dreieinheit sein muß. Dies liegt in ihrer Natur; dies wird von der Vernunft mit Notwendigkeit erfaßt, d.h. Cusanus betreibt hier nicht Offenbarungslehre, sondern Trinitätsphilosophie. Seine einheitliche Prinzipienwissenschaft gilt, wie Cusanus, sich wiederholend, sagt, für jeden Grund (omne principium). Denn jeder Grund ist vorab unteilbar. Keine Art der Teilung und Teilbarkeit, wie sie dem Begründeten eigen ist, kommt ihm zu. Der Allgrund ist also von vollendeter, einfachster Unteilbarkeit. Das heißt: Er ist Einheit. Aber diese Einheit ist nicht leer. Sie ist, durch den Beryll gesehen, die Einheit von Einheit und Vielheit. Ihr steht nichts gegenüber. Sie hat keinen Gegensatz. Insofern ist sie die Gleichheit mit allem. Aber diese beiden Momente, Einheit und Gleichheit, blieben eine unaufgelöste Dualität, bildete nicht im ersten Grund die Verbindung (nexus) ein gleichwesentliches Element wie Einheit und Gleichheit. Dies ist der philosophisch einholbare Sinn der Kirchenlehre von der Dreieinigkeit, die in weniger sachgerechten, weil biologisch-metaphorischen Worten von „Vater“, „Sohn“ und „Heiligem Geist“ spricht.

Diese Einsicht trägt sich, Cusanus zufolge, argumentativ selbst. Sie bedarf weder der Kirchenlehre, die Cusanus hier auch nicht erwähnt, noch der Abstützung durch Geometrie. Allerdings gibt es eine geometrische Hinführung zu dieser Einsicht, und zwar in folgender Form. Wir betrachten die Linie:

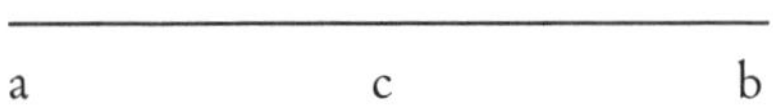

Wir denken sie in ihrem Mittelpunkt c geknickt. Also:

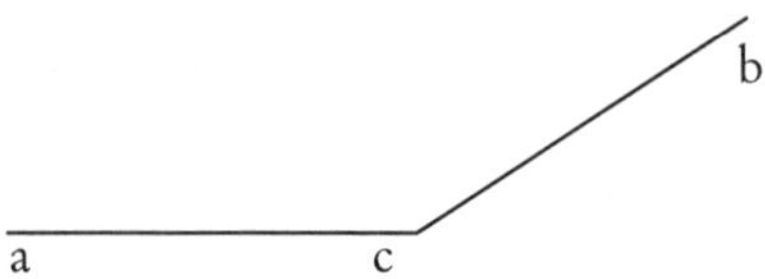

Der Punkt c ist wie jeder Punkt unteilbar. Wie jeder Grund ist er, der *erste* Grund des Winkels, unteilbar in der Art der Teilbarkeit, die Winkeln zukommt. Der zweite Grund des Winkels sind die beiden Linien a c und c b. Dann zeigt sich: Der Punkt c ist der erste Grund des Winkels, aber er ist zugleich ein dreieiner Ursprung. Denn er ist der Ursprung der unbeweglichen Linie a c, er ist Ursprung der beweglichen, winkelbildenden Linie c b. Und er ist die Verknüpfung (nexus) beider Linien, die in ihm winkelbildend zusammenlaufen. Ich sehe zugleich: Der Winkel hat in c sowohl seinen Anfang wie sein Ende. Vom Punkt c aus hat der Winkel seinen Ursprung; von ihm kommt die Einheit, die alles eint und zusammenhält, was an dem Winkel zu sehen ist. Aus ihm kommt auch die Gleichheit mit allen Winkeln, die durch welche Bewegung auch immer entstehen. Zugleich sehe ich im Punkt c den Zusammenhalt, die Verbindung, die alle gebildeten Winkel eint und erhält. So sehe ich ein höchst einfaches, aber dreieines Prinzip. Ein Urgrund von vollendeter Unteilbarkeit kann nicht anders als in einer solchen dreieinen Unteilbarkeit existieren (De ber. n. 33–34).

So ingeniös solche geometrischen Hinführungen sein mögen, ich habe sie hier nicht wiedergegeben, weil sie mich überzeugt hätten. Sie sind als Verstandesprodukte ein Zugeständnis an das Verstandesdenken, um dieses über sich hinauszutreiben; doch soeben noch hat Cusanus vom Verstandesdenken gesagt, daß es die Vernunfteinsichten immer gefährdet. Ich habe sie erwähnt, weil sie für Cusanus, den Mathematiker, charakteristisch sind; er weiß, daß er die absolute Einheit nicht wissen, sondern nur in Zeichen symbolisieren kann. Nicht als wüßten *andere* die Realität Gottes oder der Natur, und *er* hätte *nur* Zeichen. Wir haben alle nur Zeichen, Cusanus will die adäquateren bilden. Er weiß, daß Zeichen auch veralten; Zeichen müssen je neu erfunden werden. Auf diese Weise stellt er auch klar, welche Art von Beweisanspruch seine Trinitätsphilosophie erhebt. Ich erwähne seine Geometrico-Theologie außerdem, weil mathematische Spekulationen dieser Art im 15. und im ganzen 16. Jahrhundert eine von Cusanus mit geförderte Konjunkur hatten, die im 17. Jahrhundert, soweit ich weiß, zu Ende ging. Und ich hatte noch einen letzten Grund, auf das Glatteis solcher Demonstrationen zu gehen: Sie geben Cusanus erneut Gelegenheit, seinen Bezug zur philosophischen Tradition zu präzisieren und zu konkretisieren. Charakteristisch ist schon, mit welchen Denkern Cusanus seine Trinitätsphilosophie in Bezug setzt. Augustinus, der Vater der christlichen Trinitätstheologie, wird mit keinem Wort erwähnt. Hingegen verweist Nikolaus auf Anaxagoras, der Platon und Aristoteles die Augen geöffnet habe, und immer wieder auf Platon und Aristoteles (De ber. n. 35–39). Diese großen Philosophen haben die Trinität „berührt", denn sie dachten Gott als Geist, als intellektuellen Allgrund. In diesem Zusammenhang bezeichnet Cusanus den Ausdruck „weltbegründender Intellekt", den er gleich zu Beginn seiner Schrift ohne Namensnennung gebraucht hatte, als ein Wort Platons. Platon und Aristoteles hätten den ersten Grund der Welt als effizienten, formalen und finalen Grund der Welt erkannt und insofern die Trinität erfaßt; sie hätten Ideen und Denken an den Ursprung von allem gesetzt und zudem gesehen, daß Bewegung und Beseelung der Natur ein eigenes Prinzip verlangen. Cusanus, dessen Platon-Bild von Proklos und dessen Aristoteles-Auffassung von arabischen und christlichen Kommentaren mitbestimmt ist, erklärt dann, daß die neuplatonischen Hierarchien (das Eine, der logos, die Weltseele) konsequenterweise als eins gefaßt werden müssen. Der dreieine Ursprung erfülle in strikter Einheit die Funktionen, um derentwillen griechische Denker eine solche Mehrheit postuliert hätten. Cusanus sagt nicht, den großen Griechen habe das Licht des christlichen Glaubens gefehlt. Er sagt, sie seien mit ihren großartigen Ansätzen auf halbem Wege stehengeblieben. Er tadelt ihre Inkonsequenz; so haben sie verloren, was Anaxagoras schon gefunden hatte. Sowohl Platon wie Aristoteles hätten entgegen der Entdeckung des Anaxagoras das Wirken des Grundes als Naturnotwendigkeit gedeutet. Der Weltgrund wirke zwar nicht durch akzidentellen Beschluß; er wirke durch seine Wesenheit und insofern mit Notwendigkeit. Aber sein freier Wille ist sein Wesen und ist identisch mit der höchsten Vernunft.

6. Noch einmal: Nähe und Ferne zu Aristoteles

Cusanus beschließt seine Argumentation durch einen weiteren Rückblick auf Aristoteles, um durch diesen Vergleich noch einmal die Unentbehrlichkeit der Koinzidenzlehre zu zeigen.

Vieles, was der Wahrheit entspreche, habe Aristoteles in seiner *Metaphysik*, die er auch seine „Theologie“ nenne, rational bewiesen (ratione ostendit). Er habe gezeigt, der Ursprung sei im höchsten Maße akthaft wirklich, er sei sich selbst erkennende Vernunft und höchste Freude. Cusanus fügt hinzu: Das sagten auch die christlichen Theologen, wenn sie lehrten, der göttliche Intellekt erkenne sich selbst und erzeuge ein vollkommenes Abbild seiner selbst. Der Intellekt erzeugt das Wort (Verbum), und daraus geht Freude hervor. In ihr kommen erzeugender Intellekt und erzeugtes Wort wesensgleich überein.

Aristoteles hat demnach gesehen, was die christlichen Theologen mit etwas anderen Worten auch sagen. Aber mit diesem Verweis auf die christliche Trinitätstheologie endet Cusanus nicht. Es ist wichtig zu sehen, wie er seine argumentativen Schritte setzt. Denn jetzt, von der christlichen Trinitätstheologie herkommend, empfiehlt er noch einmal seine Koinzidenzlehre, indem er sagt:

Willst du von diesem Ursprung (dem in der christlichen Trinitätstheologie erfaßten höchsten Intellekt) jedes nur mögliche

Wissen (omnem possibilem scientiam) haben, dann achte nur darauf, daß es in jedem Begründeten ein Formalprinzip gibt (quo est), das seinen Träger (quid est) zu dem macht, was er ist, und daß diese beiden durch eine gleichwesentliche Verbindung (nexus) verknüpft sind. Diese Dreieinheit gibt es in allem, was begründet ist, also in allen Weltdingen. Und dann nimm den Beryll, und du siehst von allem Begründeten durch sein Maximum, das zugleich sein Minimum ist, dessen Grund. Dieser findet sich als drei-einig in allem, in je abgewandelter Weise, der die verschiedene Terminologie (von quo est, quid est, nexus oder forma, materia, nexus) entspricht (De ber. n. 39).

Das heißt: Was Aristoteles suchte, aber nur unvollkommen fand, was in der christlichen Trinitätstheologie anschaulich als Glaubensinhalt ausgedrückt ist, das wird durch den Beryll zum *Wissen*. Die Koinzidenzlehre verfolgt in jedem Begründeten die wechselseitige Immanenz der Gegensätze und *sieht* (sie ahnt nicht, sie glaubt nicht, sie sieht!) den übergegensätzlichen Grund. Sie führt die Intention des Anaxagoras aus; sie ergänzt und korrigiert die Mängel des Aristoteles. Sie erhebt in die Form einfachen Wissens die von Verstandesbegriffen gegängelte scholastische Theologie, die selbst in ihrem hervorragenden Vertreter, Albert dem Großen, die tiefsten Einsichten des Areopagiten entstellend zurechtgelegt hat.

Die Koinzidenzlehre des Cusanus verwirft die aristotelisch-traditionelle Lehre, das Auftreten von widersprechenden Sätzen bezüglich desselben Subjekts beweise die Unwahrheit mindestens eines derselben. Damit hat Cusanus sich große Schwierigkeiten eingehandelt, die hier nicht alle erörtert werden können (dazu ausführlich: Flasch 1973). Wird damit nicht jede rationale Argumentation aufgehoben? Tritt dann nicht doch der Relativismus des Sophisten Protagoras in Kraft? Unterwirft nicht Cusanus, indem er für die Koinzidenz *argumentiert,* sich der Regel der Vermeidung des Widerspruchs?

Es ist besser, diese kritischen Fragen offen zu lassen als sie gar nicht erst zu stellen oder sie voreilig zu beantworten. Eine Richtung ihrer Lösung deutet sich an; sie liegt in der Unterscheidung von Verstand und Vernunft. Die Vernunfteinsicht darf sich nicht verwechseln mit der Verstandesansicht; dieses Abgleiten ist, *De beryllo* zufolge, die größte Gefahr. Aber die Vernunfteinsicht, die sich sprachlich artikuliert, tritt eo ipso ein in den Bereich des Verstandes. Als menschliche Rede entgeht sie nicht den Gesetzen des Verstandes und der Natur der Vokabeln, die der Unterscheidung dienen. Aber die vernünftige Rede besteht nicht aus der Häufung von Vokabeln, sondern aus einer Anordnung von Vokabeln, die den Blick freigibt auf die Koinzidenz. Diese ist in allem, denn der unendlichen Einheit steht nichts gegenüber, und die Vernunft schaut ihre übergegensätzliche Einheit in allem, auch in der Natur, an. Die Differenzierungskraft der Vokabeln und die Unterscheidungskunst des Verstandes sind unentbehrliche, aber der Vernunftbetrachtung unterzuordnende Funktionen; die Vernunft beginnt ihr Sehen, indem sie dem Verstand zeigt, daß seine Unterscheidungen an der allumfassenden Einheit und an der Vernunft als ihrem ersten Bild keinen Anhalt haben. Auch die aristotelisch orientierten Verstandestheologien hatten zugelassen, daß in Gott gegensätzliche Vollkommenheiten koinzidieren. Sie bedachten nicht, daß *wir* es sind, die dies wissen, daß also in unserer Einsicht diese Gegensätze ebenso als kompatibel gesetzt sind. Insofern wollte Cusanus konsequenter, also rationaler sein als alle, die den Beryll nicht besessen hatten.

Wesen von konkret-lebendiger Einheit bieten keinen objektiven Anhalt für Verstandesunterscheidungen; sie bilden eine tätige Einheit konträrer Gegensätze. Dies läßt sich aber nicht aussprechen, ohne auch kontradiktorische Gegensätze zuzulassen. Überhaupt ist die Vorstellung falsch, die konträren Gegensätze seien Gegenstände der Natur, Widersprüche aber seien die Eigentümlichkeit der geistigen Innenwelt. Die aristotelische Tradition selbst sah zwischen konträr und kontradiktorisch eine umgekehrte Abfolge; sie nannte die Kontradiktion das Prinzip der Kontrarietät (vgl. Aristoteles, Metaphysik X 4, 1055a3–b29; Thomas von Aquino, In Metaphysicam X n. 2041 f.; Flasch 1998, 57–59). Dann waren konträre Gegensätze nicht einfach Sachverhalte in der Außenwelt. Der Widerspruch sei in ihnen als ihr Prinzip enthalten, hatte Thomas von Aquino geschrieben. Cusanus war konsequenter: Er ließ die Gegensätze, die der Verstand trennen muß, aus der Vernunft hervorgehen, die sie in sich vereine.

II. Sein und Wesen

1. Die Entdeckung des aporetischen Aristoteles

Der Grund der Welt ist Einheit und Intellekt. Die Weltdinge sind nichts anderes als anwesende, zusammengezogene Einheit und sichtbare Begriffe in schwankender Erscheinung. Wollte Cusanus diesen Ansatz durchführen, mußte er die Gegensätze von Einheit und Vielheit, von Form und Stoff denkend überwinden. Dies war nur durch die Koinzidenztheorie möglich. Sie gestattete, die Einheit des Grundes so zu denken, daß nichts zu ihm im Gegensatz stand, daß er also alles in allem war. Sie lehrte, die Dualismen der Philosophen-Tradition zu korrigieren, also die Gegensätze von Geist und Stoff, Ruhe und Bewegung, Einheit und Vielheit, Form und Materie, aber auch von Gott und Schöpfung zu übersteigen. Sie bewies ihre Fruchtbarkeit für die Kosmologie, indem sie die Fragen der Erdbewegung, der unvollkommenen Kugelgestalt der Erde, der Zentralstellung und der Gleichartigkeit der Erde mit den Himmelskörpern aufwarf. Sie dachte die finalistische Weltkonzeption des Anaxagoras, an deren Durchführung Platon und Aristoteles gescheitert waren, konsequent zu Ende, ohne in Anthropomorphismen zu verfallen.

Die Finalität bedeutete weder äußere Zweckmäßigkeit und Nutzen, noch begünstigte sie die Vorstellung, ein mächtiger Wille habe einen zuvor aufgestellten Plan verwirklicht. Sie sagte schlicht, daß die realen Dinge begriffskonform sind. Besser: Daß die Einheit als Intellekt anwesend ist und daß Weltdinge nichts anderes sind als die vorübergehende Form der bleibenden Begriffe, die der Ursprungsintellekt im Hinblick auf menschliche Erkenntnisweisen denkt. Die Koinzidenzlehre traute sich zu, den philosophischen Leitfaden dort wieder aufzunehmen, wo Platon und Aristoteles ihn fallengelassen hatten und damit die vorsokratische Philosophie einschließlich der des Sophisten Protagoras zu rehabilitieren. Sie löste die Intentionen ein, die Dionysius angedeutet, aber nicht philosophisch entwickelt hatte und weitete, darüber hinausgehend, dessen Intuitionen zu einer neuen Universalwissenschaft aus.

Ein solcher Weltentwurf mußte Bezug nehmen auf die seit Aristoteles gestellte Frage: Was ist das Seiende als Seiendes? Die Erste Philosophie des Aristoteles hatte gelehrt, die Weltdinge nicht als dies und das, sondern als Seiende zu denken. Seitdem war die Frage zu beantworten, was das Seiende, nicht als dieses und jenes, sondern als Seiendes sei. Dies war die Hauptfrage der Aristotelischen *Metaphysik;* sie verband sich auf nicht ganz deutliche Weise mit der Suche nach den ersten Gründen (archai), die sich wiederum verwandelte in das Wissen vom ersten Wesen, das Intellekt (nous) sei, sich selbst denke und ein zeitüberlegenes Leben der Freude führe. Die erneute konkrete Beschäftigung des Cusanus mit der Aristotelischen *Theologie* (Metaphysik, Buch XII) durchzieht die Schrift *De beryllo*, aber er sah, daß er auch auf die Aristotelische *Ontologie* (Metaphysik, Buch VII–IX) zurückkommen mußte. Er hatte also die Frage zu beantworten: Was ist das Seiende als Seiendes? Nun hatte Aristoteles diese Frage, von der griechischen Sprache begünstigt, verwandelt in die andere: Was ist die ousia? „ousia", das war das wirkliche Sein, das Wesentliche, das Beständige. Das Wort wurde im Lateinischen wiedergegeben sowohl mit „essentia" wie mit „substantia". Aber der Gesichtspunkt des Trägerseins von wechselnden Eigenschaften (Akzidentien) drängte sich vor, und so wurde die Aristotelische Hauptfrage seit der Aristotelesrezeption des 13. Jahrhunderts in der Form gestellt: Was ist die substantia?

Die humanistischen Gelehrten, die des Griechischen mächtig waren, hatten seit Beginn des 15. Jahrhunderts daran gearbeitet, die arabischen und scholastischen Aristotelesdeutungen mit dem Urtext zu konfrontieren; dies hatte zu neuen Übersetzungen (nicht nur des Aristoteles, sondern auch des Proklos, des Dionysius, des Diogenes Laërtius, später auch des gesamten Platon und Plotins) und zu neuen Diskussionen über die Philosophie des Aristoteles und sein Verhältnis zu Platon geführt. Cusanus stand in Verbindung mit dem gelehrten Griechen Bessarion, der die *Metaphysik* des Aristoteles soeben neu übersetzt hatte. Die Schrift *De beryllo* ist auch die Frucht einer erneuten Befassung mit der *Metaphysik* des Aristoteles in der neuen, humanistischen Übersetzung.

Also stellt sich Cusanus die Frage: Was ist das Seiende, was ist die Substanz? Zunächst referiert er Aristoteles. Dieser habe gesagt, diese Frage sei immer gestellt worden und werde auch heute noch gestellt; von der Lösung dieser Frage hänge jede andere Form des Wissens ab. Das Seiende als Seiendes zu erforschen, das heiße, das Wesenswas zu suchen, also das, was einem Ding, zum Beispiel einem Haus, das Sein bestimmt: to ti ên einai, wofür Cusanus sagt: (quod) quid erat esse. Gesucht wird das, was vom Ursprung her und vom Anfang an eine Sache zu dem macht, was sie ist. Cusanus bezieht sich mit seinem Bericht auf die sogenannten Substanzbücher der Aristotelischen *Metaphysik* (VII–IX). Das siebte Buch der Metaphysik bildet deren Ausgangspunkt. Es formuliert die Urfrage: „Was ist das Seiende?" um in die Untersuchung „Was ist die ousia?" Es geht dann die verschiedenen Kandidaten für das ousia-Sein durch: Ist es der Stoff (hylê) als das Zugrundeliegende (hypokeimenon; Metaphysik VII 3)? Dann wäre das Unbestimmte das wahre Sein. Ist es das Wesenswas oder die Form (morphê)? Dies schon eher, aber es ergeben sich neue Schwierigkeiten (Metaphysik VII 4–6). Müßte das wirklich Seiende nicht das Zusammengesetzte (synholon) aus Stoff und Form sein (Metaphysik VII 7–12)? Das platonische Problem stellt sich erneut: Ist das wirklich Seiende ein Einzelding oder ein Allgemeines (Metaphysik VII 13–16)? Das Allgemeine, zeigt Aristoteles gegen Platon, kann nicht das wirklich Seiende sein. Es kann das Werden der Dinge nicht erklären. Außerdem wird das Allgemeine jeweils von einem Zugrundeliegenden ausgesagt. Aber auch das sinnliche Einzelding ist nicht der geeignete Kandidat, die Frage nach dem Seienden als Seienden zu beantworten, denn es ist stoffgebunden, werdend, und leistet dem Begreifen Widerstand. Denn es ist ein Zusammengesetztes; eher wären die Elemente, die es ausmachen, die wahre Substanz. Aber kann eine Substanz aus Substanzen zusammengesetzt sein? Wäre sie dann begrifflich bestimmbar? Das siebte Buch endet nach langen komplizierten Untersuchungen ergebnislos. Wer an einer einheitlichen Systematik der Aristotelischen *Metaphysik* festhält, kann dieses Resultat als die Vorbereitung weiterer Gedankenschritte auffassen: Wenn weder das sinnliche Einzelding noch das abgelöste Allgemeine das wahre Sein sind, dann führt dies auf das Konzept eines obersten Grundes (archê), eines Wesens, das reine Form ohne Stoff, also ohne Werden, wäre. Es müßte Einzelwesen sein und zugleich reines, aber existierendes Wesenswas. Mit der Annahme eines solchen Wesens, also einer philosophischen Gottheit, wie sie das XII. Buch der *Metaphysik* behandelt, käme die Frage nach dem Sein des Seienden zum Abschluß.

Cusanus kannte diesen Zusammenhang der Substanzbücher mit der philosophischen Theologie des Aristoteles. Aber er beschreibt die Aristotelische Erörterung der ousia, als stehe sie für sich und laufe ins Leere. Auch das läßt sich begründen, denn Aristoteles verweist nicht auf die endgültige Lösung; das VII. Buch bleibt eine Untersuchung mit negativem Ergebnis, das Cusanus referiert: Die Materie ist nicht das wahre Sein, denn sie ist nur Möglichkeit dazu. Sie *wird* nicht. Aber auch die Form *wird* nicht; es ist nicht einzusehen, wie sie *werden* könnte. Was *wird*, ist allein das Zusammengesetzte (compositum). Die Form, die actu im Zusammengesetzten dessen Gestalt bestimmt, ist das Wesenswas. Nimmt man die Form abgelöst vom Kompositum, dann heißt sie species (eidos, Art, Wesensgestalt). Aber mit diesen Worterklärungen ist das Wesenswas, das die substantia und das wahre Sein sein soll, noch nicht gefunden.

Cusanus geht vom Bericht zum Beurteilen über: Aristoteles gebe selbst zu, daß er weder wisse, woher das Wesenswas entstehe noch wo es seinen ontologischen Stand hat (ubi subsistat); er wisse nicht, ob es ein Eines oder ein Seiendes oder eine Gattung (genus) sei. Er könne nicht entscheiden, ob es von der Idee komme oder aus den Möglichkeiten des Stoffes heraufgeführt werde. Er zweifle, ob das Wesenswas im Kompositum dasselbe ist wie die allgemeine Bestimmung. Aber das sei auch unmöglich, denn dann müsse die allgemeine Bestimmung sowohl innewohnend wie abgetrennt sein. Wie man die Frage auch wende, sie scheitere an der Frage der species oder der Ideen (De ber. n. 48–49).

Cusanus resümiert: Aristoteles untersuche bei der Frage nach dem Seienden als Substanz alle denkbaren Möglichkeiten, komme aber zu keinem Ergebnis. Er argumentiere äußerst scharfsinnig, könne aber seine Frage nicht lösen. Cusanus machte keinen Versuch, die Aporetik des VII. Buches der *Metaphysik* im Lichte der philosophischen Theologie des XII. Buches zu lesen. Er nahm das VII. Buch isoliert und stellte fest, Aristoteles sei gescheitert. Das Bild, das Cusanus vom Aristoteles der Substanzbücher nicht ohne eine gewisse Herablassung zeichnet, ist nicht das eines Weisen, sondern das eines ratlos Umherrennenden, der allerlei Versuche macht, aber immer sein Ziel verfehlt.

Ich habe hier nicht zu entscheiden, ob Cusanus damit dem Problemdenker Aristoteles gerecht geworden ist. Ich kann nicht finden, er habe das siebte Buch der *Metaphysik*, für sich genommen, mißverstanden. Cusanus trägt dann mit einem fast auftrumpfenden „Ich hingegen" (Ego autem) *seine* Lösung der Seinsfrage vor; er braucht dazu als Kontrastfolie die *Metaphysik* des Aristoteles.

Cusanus entkleidet den Aristoteles seiner bisherigen Über-Autorität. Er nimmt ihm das Prestige als des Lehrers allen Wissens; er gibt ihm dafür eine suchende Offenheit. Er entthront den Meister der Meister, aber er entdeckt den Aporetiker. Dies war eine kulturpolitische Operation ersten Ranges. Die Rolle des Aristoteles mußte im reformorientierten christlich-philosophischen Denken der Jahrhundertmitte neu bestimmt werden. Dazu gehörten neue, bessere Übersetzungen. Und dazu gehörte vor allem die genaue Fortführung der gedanklichen Arbeit des Aristoteles. Dazu mußte Cusanus genau den Punkt bestimmen, an dem Aristoteles stehengeblieben war. Er trennt sich nicht kalt von ihm; aber er sagt deutlich, daß für eine so wichtige Frage wie die nach dem Seienden als Seiendem Aristoteles nicht mehr die richtige Autorität sein kann.

2. Die Cusanische Lösung

Aristoteles konnte die Seinsfrage nicht entscheiden, weil er keine klare Stellung zur Ideenlehre fand. Dies zieht Cusanus als Ergebnis aus der Lektüre der Substanzbücher. Aber dann fährt er überraschend fort: Selbst wenn Aristoteles die Wahrheit über die Arten oder Ideen gefunden hätte, hätte er das Wesenswas auch nicht anders bestimmen können als etwa so, wie wir sagen: Dies ist ein Liter. Die Wesensarten sind festgesetzt wie aufgrund einer positiven Anordnung. Diese Antwort ist überraschend, denn sie entfernt sich abrupt von der Frageweise des Aristoteles; einige Zeilen lang spricht Cusanus wie ein Voluntarist. Eine Neigung zu einer politischen Metaphysik strammer Monarchie hatte er ohnehin, und so sagt er auch jetzt: Gesetz ist, was dem Fürsten gutdünkt. Wir können nicht wissen, warum die Erde Erde und der Mensch Mensch ist. Dies erforschen zu wollen, wäre töricht. Die Dinge sind so, wie sie sind, weil Gott sie so gewollt hat. Gottes Wille ist ihr Seinsgrund (ratio essendi). Doch kaum ist dies ausgesprochen, korrigiert Cusanus die voluntaristische und anthropomorphe Terminologie, der er für einen Augenblick nachgegeben hat. „Gottes Wille", diesen Ausdruck müsse man richtig verstehen. Der Wille Gottes, das sei nichts anderes als Intellekt und Wesensgrund, so wie das Gesetz des Kaisers nichts anderes ist als der Verstand des Kaisers, „der uns als Wille erscheint" (De ber. n. 51, 18–19). Das Wesenswas der Dinge ist also der göttliche Begriff. Cusanus bringt zur Lösung der Frage nach dem Sein und dem Wesen der Dinge seine ersten beiden Hauptsätze ins Spiel; er bestätigt sie sich durch eine Analyse der Substanzbücher des Aristoteles. Er begnügt sich aber nicht mit dieser Entgegensetzung und schon gar nicht mit der Berufung auf den Willen Gottes. Er argumentiert:

All unsere Erkenntnis beginnt mit den Sinnen. Unser Intellekt kann seine Einsichten nicht vollständig ablösen von Vorstellungsbildern. So kommt es, daß wir geneigt sind, geometrische Figuren als etwas vorzustellen, das in sich existiert, also Substanz ist. Dies ist eine Täuschung, aber Überlegungen dieser Art führen doch zu unvergänglichen, von Körpern abgelösten Inhalten. Sie üben uns ein, Prinzipien zu denken. Doch welche Art von Prinzip man auch immer angenommen hat, zum Beispiel die als Substanz vorgestellte Eins, aus der die Zahlen folgen, oder den substantiell gedachten Punkt, aus dem Linien, Flächen und Körper werden, voraussetzen mußte man seine Unteilbarkeit. Gründe sind ihrer Definition nach Einheiten, Einheiten für je Vieles. Auch die Substanz ist durch Einheitlichkeit das, was sie ist. Nimmt man ihr die Einheit, zerstört man das Wesen oder die Substanz. Alles hat so weit teil an Sein und Substanz-Sein, als es an Unteilbarkeit teil hat. Dies war die Lehre des ersten Hauptsatzes. Mit Hilfe des Beryll sehen wir in allem die namenlose Unteilbarkeit als sein wahres Wesen. Dies ist ein dunkles, ein negatives Wissen. Kein von uns gebildeter Name, kein von uns produzierter Begriff kann diese allwaltende Unteilbarkeit bezeichnen. Aber wir *sehen* sie. Wir sehen sie negativ oder im Übersteigen (excessu). In der Negation liegt eine entscheidende Einsicht: Die Körperdinge, die in manchen Texten des Aristoteles als Muster einer Substanz gelten, also etwa ein Baum, sind keine Substanz, denn sie sind nicht unteilbar. Die Unfaßbarkeit der wahren, also unteilbaren Substanz verwirrt uns nicht. Sie steigert die Freude, so wie sich ein Mensch, der einen unzählbaren Schatz findet, mehr freut als einer, der einen zählbaren und aufbrauchbaren findet (De ber. n. 53).

Was ist also nach Cusanus das Sein des Seienden oder die Substanz? Es ist die Gedankenbestimmung (intentio) im weltbegründenden Intellekt. Cusanus erläutert das an der menschlichen Sprache:

Wenn jemand zu uns spricht, hören wir sinnlich seine Worte. Wenn wir den Wesensgehalt (quiditas) seiner Rede erfassen, erfassen wir nichts anderes als die Gedankenbestimmung (intentio) des Sprechenden. Wir durchdringen das Vielerlei der Töne und Wörter im Hinblick auf den einfachen Grund der Rede.

Auch sonst, wenn wir durch die Sinne viele Eindrücke aufnehmen, suchen wir den zusammenhaltenden einfachen Grund der Dinge. Wir müssen Beiläufiges, Zufälliges weglassen, um ein Wesensbild zu suchen. Wir bilden vereinfachte Vorstellungsbilder und durchlaufen diese schon etwas abstrakteren Gebilde, um das Wesenswas herauszusehen. Dieses alltägliche Erkennen ist wie das Verstehen von Rede oder Schrift: Wir entnehmen den sinnlichen Zeichen die Gedankenbestimmung des Sprechenden. Was wir sinnlich vorfinden und aufnehmen, ist das Wort des Weltgründers; in ihm ist seine Gedankenbestimmung enthalten. Wenn wir diese wissen, wissen wir das Wesen der Sache (quiditatem) und kommen zur Ruhe. Der Grund der Aussageabsicht ist das Sichzeigen des ersten Grundes. Haben wir die Gedankenbestimmung erfaßt, haben wir das Wesen des Wortes begriffen, also das, was sein Sein vom Ursprung her zu dem gemacht hat, was es ist (quod erat esse). Das wahre Sein, das seinsgebende Prinzip, ist im Intellekt als Gedankenbestimmung, so wie im vollendeten Haus die Gedankenbestimmung des Erbauers, die zunächst in seiner Vernunft war, sichtbar wird (De ber. n. 54).

Dies ist eine beachtenswerte Philosophie der Sprache als Philosophie des Seins. Das „Wort“, von dem Cusanus hier spricht, ist nicht der ewige Logos, sondern das sinnlich erklingende oder auch das aufgeschriebene Wort; Cusanus hat übrigens an der Aufwertung der Schrift gegenüber dem gesprochenen Wort gearbeitet (vgl. dazu Flasch 1998, 631–633). Das Wort, geschrieben oder gesprochen, ist ein Element der sinnlichen Welt; als hörbare Folge von Tönen oder als sichtbare Buchstabenreihe bildet es den faktischen Ausgangspunkt jeden menschlichen Nachdenkens, der in der strengen Architektur der vier Hauptsätze noch nicht zum Ausdruck kommen konnte; es ist vielfältig, konventionsbedingt und störungsanfällig. Aber wenn wir eine Rede verstehen, verfolgen wir ihre sinnliche Vielfalt im Hinblick auf ihren einfachen Sinngehalt. Vielleicht ist „Sinngehalt" die bessere Übersetzung für intentio, das ich bisher als „Gedankenbestimmung" wiedergegeben habe.

In der strikt finalistisch konzipierten Ursprungsphilosophie des Cusanus geht es um das Sichzeigen von Sinngehalten. Sie faßt den Ursprung von allem als einen Ursprung, der spricht. Sie definiert das wahre Sein oder das Wesen von diesem Sprechen her. Sie sagt, das Sein sei Sprache.

III. Die Gliederung der Welt

1. Verschiedene Gliederungen

Cusanus definierte, wie gezeigt, „Sein“ von der Einheit und von der reinen Denkbestimmung, also von der Idee her. Diese Einheit dachte er daher zugleich als die Einfaltung aller Sinngehalte. „Geist“, menschlicher Geist, war ihm nicht Ausfaltung, sondern das erste Bild der Einfaltung. Wie die meisten Platoniker vor ihm, war er überzeugt, daß wir die Sinne brauchen, daß wir mit der Erfahrung, also mit dem Vielen anfangen müssen. Er hat beobachtet, daß selbst in subtilen Spekulationen Phantasiebilder mitgehen; er hat immer wieder nach Veranschaulichung seiner Einsichten gesucht; er hat also den Weg vom Vielen zum Einen auch zurück gemacht. Dennoch ist zu fragen, wie in einer so strikten Einheitsphilosophie die Vielheit zu ihrem Recht kommt. Woher stammt die Gliederung der Welt? Ist sie überhaupt gegliedert, und wie ist sie gegliedert?

Cusanus hat im Laufe seiner Lehrentwicklung darauf mehrere Antworten gegeben. Auf der Stufe von *De docta ignorantia* (1438/1440) spielte das Universum als vermittelnde Instanz zwischen der Einheit Gottes und dem Einzelding eine wichtige Rolle. Das Universum ist im Einzelding das Einzelding; im Einzelding ist auf dessen Weise das Universum anwesend. Es ist im Stein Stein, im Hund ist es Hund. Der Gott des Cusanus übernahm auch die Tätigkeit der antiken Weltseele; daher war sein Universum nicht mechanistisch konzipiert; es war lebendig und organisch gegliedert. Diese Konzeption ergab ein kraftvolles Gegenspiel zwischen dem holistisch gedachten Kosmos und dem Individuum, das, beinahe wie bei den Nominalisten, allein wirklich sein sollte. Mit zunehmender Beschäftigung des Cusanus mit der platonisch-proklischen Tradition, etwa ab 1442, traten andere Gliederungen hervor. Vor allem diese Abfolge: Das Eine – der Intellekt – die Seele – die Natur – der Körper. Diese „Regionen“ dachte Cusanus als Welten oder als „Himmel“, die jedes einzelne Element determinieren, das in ihnen vorkommt. Sie sind ihrerseits abgestuft, so daß es in *De coniecturis* zu wunderlich-reichen Hierarchien kommt; nur die einheitliche Durchdringung von Einheit und Andersheit hält sie zusammen. Die neuplatonische Vierfachgliederung liegt auch in *De beryllo* vor (vgl. n. 24, 1–4). Die Koinzidenzlehre sagt, dem Einen stehe nichts gegensätzlich gegenüber, alles Begründete sei in seinem Grund zu denken. Die unendliche Unteilbarkeit, die wir durch den Beryll sehen, war in allen Folgestufen anwesend. Wer kennen die unendliche Einheit nur, sofern sie im Intellekt ist; wir kennen den Intellekt nur, sofern er in der Seele ist; wir kennen die Seele nur, sofern sie im Körper ist; dies vereinheitlicht den vierstufigen Weltentwurf. Der Nachdruck liegt auf der Vereinheitlichung, nicht auf der Ausgliederung. Dennoch war Cusanus darauf bedacht, Einfaltung und Ausfaltung zugleich zu denken. Die Vernunft ist die Einheit beider Bewegungen. Allerdings hat Cusanus im Laufe seiner Entwicklung die Einheit immer stärker betont; im letzten Stadium seines Arbeitens, in *De apice theoriae* (1464), kannte er nur noch ein einziges Wesen; die Vielheit der Gliederungen verschwanden darüber nicht, aber er sah sie nur als dessen Erscheinung.

Die Gliederung Einheit – Intellekt – Seele – Körper nahm bei ihm noch eine andere Form an. Sie konnte umformuliert werden zu: Einheit – Intellekt oder Vernunft – ratio oder Verstand – sinnliche Erkenntnis – sinnliche Welt. Bei dieser Betrachtungsweise bekam der Verstand die Aufgabe, die Wahrnehmungen zu ordnen, also zu Einheiten zusammenzufassen. Der Verstand schafft die Differenzen, konnte Cusanus in diesem Zusammenhang sagen. Denn dabei ging er die Erkenntnisstufen, von der Wahnehmung beginnend, durch und beschrieb die entstehenden Differenzen als Gliederungstätigkeit des Verstandes, der allein imstande sei zu unterscheiden. Ich habe oben die Frage erörtert, wie diese begriffsproduzierende Tätigkeit des Verstandes *wahr* sein könne. Diese Frage wiederholt sich jetzt unter einem anderen Gesichtspunkt: Liegen seinen Unterscheidungen nicht Unterschiede der Sachen selbst zugrunde? Es ist von vornherein nicht wahrscheinlich, daß Cusanus die sinnliche Welt als Chaos angesehen hätte, dessen Gewühl erst durch den menschlichen Verstand Strukturen erhielte. Gibt es bei Cusanus außer den schon besprochenen Abfolgen, zu denen die Differenzen von Urbild und Ähnlichkeit, von Grund und Begründetem, von Einheit und Vielheit sowie die neuplatonischen Hierarchien zwischen dem Einen und dem Stoff gehören, noch eine andere Gliederung der Welt? Diese Frage stellte sich ihm als der Disput um die Realität der species.

2. Metaphysik der Formen

Das Wort „species“ hatte im mittelalterlichen Latein viele Bedeutungen. Bei der jetzt zu beschreibenden Untersuchung hat es etwa die Bedeutung von „Art“, im Unterschied zu Gattung (genus). Aber es bezeichnet nicht nur logische Einteilung und Definitionsziel. Der Wortsinn von „species“ schließt auch Biologisches mit ein, reicht aber wiederum weiter. „Species“ bedeutet die begriffliche Bestimmtheit der Naturdinge, also ihre wesenhafte Prägung. „Species“ ist die Wesensform, sofern ich sie als „getrennt“ betrachte, also vom Einzelding gedanklich ablöse. Dadurch rückt die Frage nahe heran an die Suche nach dem Seienden als Seiendem und nach dem Wesen. Was wird aus der Art (species), wenn die Philosophie des Anaxagoras konsequent ausgeführt wird? Diese Frage untersucht Cusanus als Abschluß der Seins- und Wesensfrage, also in *De beryllo* n. 58–66. Das Thema war Cusanus wichtig; das deutete sich schon in der Diskussion mit Aristoteles an; es zeigt sich auch daran, daß er ihr einen großen Abschnitt seiner Einführungsschrift widmete. Es ging um eine neue Metaphysik der Form.

Cusanus war sich im klaren darüber, daß die vier Hauptsätze seiner Philosophie, vor allem der erste, die Frage der artgestaltenden Wesenheiten – so übersetze ich einmal: species – vorentschieden haben. Er beginnt denn auch, indem er eine platonistische Position bezieht: Diese Wesenheiten *werden* nicht und vergehen nicht, es sei denn mitfolgenderweise (per accidens), wenn ein Einzelding ihrer Art wird oder vergeht. Die species sind unvergänglich. Dies hat nicht primär, aber auch den Sinn, daß Cusanus die biologischen Arten für unvergänglich hielt. Die europäischen Philosophen haben sich außerordentlich schwer getan, den Grundgedanken des Darwinismus, also die Evolution, zu akzeptieren. Der moderne Entwicklungsgedanke ist hier fernzuhalten, trotz des Cusanischen Begriffspaars vom complicatio und explicatio.

Dieses enthält keinerlei gattungsgeschichtliche Assoziationen. Grundlegend war in der antiken und mittelalterlichen Philosophie der Zusammenhang von Art (species) und Definition. Die Art ist das, was in einer gelungenen Definition zum Ausdruck kommt. Nun kann zwar ein einzelner Mensch werden und vergehen, aber um eben dies sagen zu können, muß die Identität des Ausdrucks „Mensch" stabil bleiben. Seinem ersten Hauptsatz folgend, weiß Cusanus schon zu Beginn seiner Untersuchung Entscheidendes über die Artprägungen; sie seien, schreibt er, Ähnlichkeiten mit dem unzerstörbaren unendlichen Intellekt. Er zweifelt gar nicht, ob es sie gibt. Sie gliedern die Welt. Aber kann es in einer konsequenten Philosophie der Einheit noch untergeordnete Gliederungsinstanzen geben? Die Frage ist, wie sie als spezielle Inhalte zum unteilbaren Weltgrund stehen und wie sie als eingeschränkte Ganzheiten zu denken seien. Cusanus antwortet: Sie sind der Sinn des sich versinnlichenden göttlichen Sprechens. Ihre Verschiedenheit beweist ihre Begrenztheit, aber wie können sie Ähnlichkeiten des Unendlichen sein, wenn sie endlich sind?

Der unendliche Intellekt spiegelt sich in den vielen Arten wieder, nicht wie sich dasselbe Gesicht in vielen Spiegeln wiederfindet, sondern wie eine unendliche Größe sich in *verschiedenen* endlichen Größen widerspiegelt und in jeder von ihnen *ganz* anwesend ist. Wie das?

Wieder bietet Cusanus eine geometrische Hinführung an: Er vergleicht die Art, species, mit dem Dreieck. Das Dreieck ist eine allgemeine, klar definierte Struktur. Diese gibt uns einen Begriff von dem, was „Form" ist. Sie legt fest, was ein Dreieck ist. Es ist die erste der raumgestaltenden Figuren oder die erste präzis umgrenzte Größe. Ein schlecht gezeichnetes Dreieck widerlegt nicht unser Wissen, was ein Dreieck „wirklich" ist, was also ein Dreieck sein soll. Cusanus will nun zeigen, der unendliche Winkel spiegele sich in dieser Figur verendlicht wieder. Der unendliche Winkel, das ist der, den nur der Beryll zu sehen gestattet: Er ist zugleich der größte und der kleinste Winkel; er ist daher unendlich und unermeßlich; er kennt keine Steigerung und keine Verminderung; er ist der Grund oder das Prinzip aller Dreiecke. Zwei rechte Winkel sind weder kleiner noch größer als die Linie; ein Winkel schiene nur der größte, wäre es aber nicht, wenn er kleiner wäre als zwei rechte. Auf diese Weise spiegelt sich in jedem Dreieck, in dem die Winkelsumme gleich zwei rechten Winkeln ist, das unendliche Prinzip aller Winkel wieder.

Das Dreieck ist die erste Figur, die eine begrenzte Oberfläche umfaßt und aus Winkeln und Geraden besteht. Es ist unteilbar in dem Sinne, daß das Dreieck nicht auflösbar ist in ein Nicht-Dreieck. Es ist eine Ganzheit, eine Gestalt. Insofern ist es ein Modus des Unteilbaren. Aber es gibt verschiedenartige Dreiecke, spitzwinklige oder stumpfwinklige, und diese wiederum können unter sich verschieden sein. Diese Art von Ganzheit und sich ausgliedernder Differenz verschafft uns einen Vorbegriff von den species. So kommt Cusanus zu dem Schluß: Die artbestimmenden Wesensgestalten (species) sind vollkommene und genau festgelegte erste Substanzen (perfectae et determinatae substantiae primae); in ihnen spiegelt sich das *ganze* erste Prinzip wieder, in seiner Unzerstörbarkeit und unendlichen Größe, aber in begrenzter und bestimmter Weise.

3. Die species als Sichzeigen des Prinzips

Jetzt hat Cusanus die von Aristoteles aufgeworfene Frage, was das Seiende, was die Substanz sei, auf seine Weise beantwortet: Die Arten, nicht, wie Aristoteles jedenfalls in der Kategorienschrift lehrte, irgendein sinnliches Einzelding wie dieser Baum da, sind die ersten Substanzen. Sie sind das wahrhaft Seiende. Das ist eine anti-nominalistische, eine platonistische Position, aber sie muß durch die Brille der Koinzidenz gedacht werden. Damit gibt Cusanus seiner species-Lehre einen neuen, über den gewöhnlichen Platonismus hinausgehenden Akzent. Er verdeutlicht dies durch eine Koinzidenzbetrachtung am Dreieck. Es handelt sich um eine Analyse ähnlich der des Winkels: Das Dreieck kann nur dann ein Maximum und zugleich das Minimum sein, wenn die Linie a b über dem Punkt c eine winkelbildende Bewegung vollzieht und durch eine Linie d a ergänzt wird. Bewegt die Linie a b sich weiter auf a zu, bildet sie das Dreieck und fällt schließlich mit a c zusammen. Es zeigt sich die gerade Linie, die das Prinzip aller Winkel und Dreiecke ist. In ihr sehen wir, Cusanus zufolge, den größten Winkel, der zugleich der kleinste ist, und das größte Dreieck, das zugleich das kleinste ist:

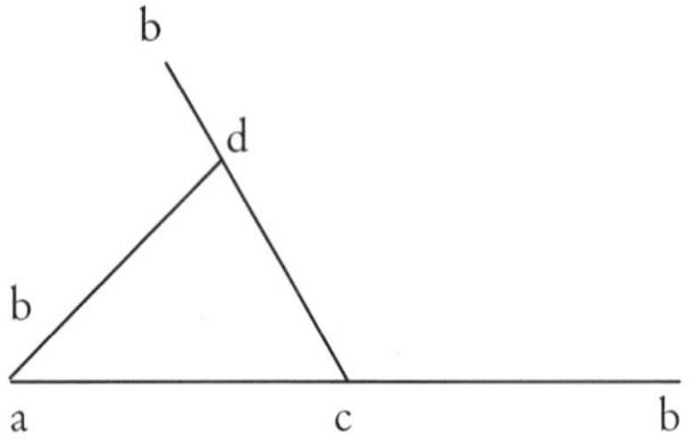

Diese Linie zeigt sich nach der dreieck-bildenden Bewegung als drei-einheitlicher Grund. Im übrigen gelten hier dieselben Überlegungen wie bei der Einfaltung der Winkel in der Linie. In jedem Dreieck spiegelt sich das drei-eine Prinzip des Dreiecks wider, das Maximum und Minimum des Dreiecks zugleich ist. Was bringt der geometrische Vergleich, auf dessen problematische Seite ich schon bei der Winkeluntersuchung hingewiesen habe, für die Erforschung der Artgestalten? Er zeigt anschaulich, wie eine unendliche Ganzheit ganz in einer endlichen ist. Wir sehen insbesondere, sagt Cusanus, wie die species konstituiert wird; wir gewinnen eine Anschauung von der Begründungsbewegung, deren Ergebnis sie ist: Die Linie, Bild des Prinzips, biegt sich vollständig auf sich selbst zurück, Anfang und Ende verbindend, und so entsteht das maximal-minimale Dreieck als Bild der species.

Die Wesensform oder die Art ist bestimmt, also endlich; und sie ist unzerstörbar, weil nicht an das Individuum gebunden, dessen species sie ist (De ber. n. 60). Der Vergleich führt noch weiter: Dreiecke sind von verschiedener Größe. Aber die Summe ihrer Winkel ist stets gleich groß. Dies führt uns zu einem nicht-quantativen, nicht-räumlichen Begriff von Größe. So sind die Wesensprägungen je verschieden, aber als Wesensprägung sind sie von gleicher intensiver, nicht-räumlicher Größe, die mit der Quantität nicht verwechselt werden kann, denn sie kennt kein Mehr oder Weniger. Wir reden jetzt von einer substantiellen Größe, nicht von eigenschaftlicher Ausdehnung, also von einer Struktur oder einem Baugesetz, das nicht vom einzelnen Exemplar abhängt. Wir können ein Dreieck denken, und wir können ein gezeichnetes Dreieck in der Außenwelt sehen. Ebenso können wir die Wesensart denken, und wir können sie in einem Einzelwesen repräsentiert sehen. Sehen wir das gezeichnete Dreieck, dann sehen wir die Wesenheit in einem konkreten Ding oder Träger (in subiecto), das zu dieser species gehört. Ich sehe die Substanz, die realisiert ist, deren „was etwas ist" (quod erat esse) sie geprägt hat. Die gesamte Prägung des Einzeldings erfolgt durch die Wesensgestalt; sie macht, daß ein bestimmtes Ding von gerade dieser Art ist. Insofern gibt sie ihm das gesamte Sein (De ber. n. 61).

Die Winkelsumme ist eine ideelle Größe; sie betrifft Raumverhältnisse, aber in einer sehr besonderen Weise. Die geometrische Hinführung lehrt, sie zu unterscheiden von der ausgedehnten Größe. Von der Art der Winkelsumme ist die Ganzheit der Art. Cusanus nimmt Bezug auf die vorausgehende Diskussion mit Aristoteles über das Sein und das Wesen. Jetzt sagt er entschieden: Die Wesensgestalt (species) ist eine Ganzheit höherer Art und ist als solche seinsbestimmendes Prinzip. Sie ist das Ziel, das die ontologische Untersuchung des Aristoteles angestrebt, aber verfehlt hat. Dabei nimmt sowohl der Begriff des „Seins" wie der der „Substanz" neue Nuancen an: „Sein" im Vorzugssinne ist das bleibende Prägende der Wesenheiten. „Erste Substanz", das ist die eidetische Größe, die jedes Einzelding zu dem macht, was es ist; das ti ên einai, das quod erat esse ist auch die prima substantia.

Damit ist die Abhandlung des Cusanus über Formen noch nicht beendet. Bisher war von der Art die Rede, aber noch ist ihr Verhältnis zur Gattung (genus) zu bestimmen. Dabei ist längst klar, daß Art und Gattung konkrete Gründe des Werdens und Seins sind, keine bloß logischen Gedankengebilde. Es gibt nicht nur ein gattungshaft-allgemeines Dreieck-Sein; es gibt Dreiecke verschiedener Art. So auch in der Realität. Aber immer ist die Art die Spezifikation der Gattung durch Differenz (species est specificatio generis per differentiam). Es ist die Spezifizierung, die das gesamte Sein des konkreten Dings bestimmt: totum esse dat rei species. Diese Formulierung schließt die bisherige lange Debatte um Sein und Wesen ab. Die Wesensart ist jeweils eine andere, aber sie ist nicht anders als das Einzelding (non est alia a subiecto). Die Wesensgestalt ist je verschieden von allen anderen, weil sie ihre Wesensgründe (principia essentialia) in sich hat; diese bestimmen sie substantiell, so wie die geometrische Figur in ihrer umschließenden Begrenzung bestimmt ist.

Cusanus erläutert das Verhältnis Gattung – Art durch weitere Beispiele. Er denkt dabei an die Harmonie und an die Zahl. Es gibt verschiedene Arten von Harmonie, denn die gattungshaft-allgemeine Harmonie wird spezifiziert durch verschiedene Differenzen. So ist auch die Wesensart (species) vergleichbar einer harmonischen Proportion; sie ist eine Ganzheit und Einheit, die vielen Einzeldingen mitteilbar ist. Die Beziehung selbst und die Beziehung der Beziehungen oder die Offenheit der Dinge für Proportionen (proportionabilitas) ist unzerstörbar, und man kann sie auch Wesensart (species) nennen. Sie duldet als nicht-quantitative Ganzheit keine Steigerung oder Minderung; sie bestimmt Art und Proportioniertheit der Einzeldinge, also ihre Schönheit. In der harmonischen Proportion, wie sie der species eigen ist, leuchtet die Ähnlichkeit der ewigen Vernunft oder des weltbegründenden Intellekts auf. Dies erleben wir sinnlich; die Proportionen der Dinge sind angenehm und erfreulich (De ber. n. 62). Die Zahl ist eine noch passendere Analogie zur Wesensgestalt, denn sie ist einfacher, grundlegender als die geometrische Figur, die der Quantität verhaftet bleibt (De ber. n. 63).

Cusanus hatte wohl selbst den Eindruck, für eine Einführungsschrift habe er zu abstrakt geredet. Er beschließt seine Überlegungen zur species mit einfachen Erfahrungen: Achte darauf, sagt er seinem Leser, daß wir an bestimmten Farben mehr Freude haben als an anderen. Ebenso an einer Stimme oder einem Gesang. Das Wahrnehmen ist das Leben der wahrnehmenden Seele. Ihr Leben besteht nicht in einer Einzelwahrnehmung, sondern in der Offenheit für und der Neigung zu *allem* Wahrnehmbaren. Die wahrnehmende Seele sucht ihr Leben vornehmlich in einem Objekt, an dem es für sie *mehr* aufzufassen gibt, weil es ihre Wahrnehmungsmöglichkeiten zu einer harmonischen Einheit bündelt. Daher erfreut uns ein harmonischer Gesang, der viele unterschiedliche Stimmen in sich vereint, mehr als ein einfacher. Und so ist es auf allen Gebieten der Wahrnehmungen: Je mehr sie große Differenzen harmonisch vereinen, um so mehr entsprechen sie der Natur der Wahrnehmungsseele, und um so freudiger nehmen wir sie wahr. Cusanus fährt fort, indem er nicht mehr an die Geometrie, sondern an Kunsterfahrungen appelliert, zum Beispiel an die neuen musikalischen Kompositionstechniken des 14. und 15. Jahrhunderts. Er spricht von komplexen Farbwahrnehmungen, wie sie die Künstler seiner italienischen Umgebung präsentierten. Um den Gedanken des Cusanus zu fassen, ist diese *Steigerung* mitzudenken, sonst bleibt der Leser bei den geometrischen Hinführungen hängen. Der Denkweg des Cusanus führt vom Dreieck zu Piero della Francesca und Leon Battista Alberti. Deswegen erinnert Cusanus an die zeitgenössischen Künstler, die in Farben und Tönen komplexe Einheiten, Harmonien mit großen Differenzen geschaffen haben. Je koinzidentaler das Gehörte klingt oder das Gesehene ausschaut, je mehr es also Einheit mit Vielheit in Harmonie vereint, um so heimischer wird in ihm die Seele.

Dies gilt am meisten von dem durch den Beryll ermöglichten Sehen des ersten Grundes. Er ist die Einfaltung aller Vielfalt. In ihm sind alle Vernunftgründe der Dinge vereint; er ist höchstes intellektuelles Leben und unzerstörbare Freude. Von ihm aus sollen wir die species denken. Dann sie ist nichts anderes als ein fest umschriebenes Ganzes, eine determinierte Totalität eines in sich vollständigen Sinnmodus. Aufgrund ihrer Einheitlichkeit bildet sie eine Ähnlichkeit zum göttlichen Einen. Sie enthält in sich eingefaltet alle besonderen, sie einschränkenden Darstellungen ihrer selbst. Im Einzelding finden wir sie auf ein Dieses-Sein hin eingeschränkt (De ber. n. 64, 11–13).

Was bringt uns also der Beryll? Er zeigt den Grund von allem, hindurch durch den Zusammenfall von Maximum und Minimum. Er zeigt ihn uns als Einfaltung aller Wesensgründe. Er zeigt die Artbestimmungen (species) als objektive, als „göttliche" Gliederung der Welt; sie sind geprägt durch substantielle, nicht bloß eigenschaftliche, und in sich je vollständige, weil ganzheitliche Ähnlichkeit mit der ewigen Vernunft. Der Beryll läßt uns sehen, daß der weltschaffende Intellekt sich in ihnen manifestiert. Die species ist das Wort oder der Sinngehalt des göttlichen Intellekts, der sich in ihr zeigt, und zwar auf je spezifische, also auf ganzheitliche, in sich vollständige und gedanklich bestimmte Weise. Dieser sich zeigende Sinngehalt (intentio) ist die Washeit jedes Individuums. Deswegen sucht jedes Individuum seine Artgestalt zu erhalten und tut alles, sie nicht zu verlieren. Denn sie in sich zu halten ist das Angenehmste und wird von allen am meisten ersehnt (De ber. n. 64).

Die Einfachheit und den Reichtum der ersten Substanz können wir weder von den Wahrnehmungen her noch von den Gedankenbestimmungen der Mathematik aus erfassen. Unser Intellekt ist an den Körper gebunden und an Quantitäten gewöhnt. Auch wenn er produktiv Begriffe bildet, bleibt er am Körper und an Quantitäten orientiert. Aber das heißt nicht, daß wir blind Begriffe produzieren oder daß wir den ersten Grund nicht wissen. Der menschliche Intellekt *sieht* ihn oberhalb jeden Begriffs: Videt tamen ipsam supra omnem conceptum. Wir bilden Begriffe auch im Hinblick auf das, was wir sehen, also auch im Hinblick auf den ersten Grund und auf die Wesensgestalten, die sein Wort oder seine Ähnlichkeiten sind. Insofern nähern wir uns der Wahrheit nicht nur an. Wir leben in ihr und sind in ihr. Aber dies zu *wissen*, erforderte, Cusanus zufolge, eine Reform der Philosophie. Dazu mußte er die Fragen des Aristoteles aufgreifen und über ihn hinaustreiben. Eine neue Metaphysik der Formen war zu entwickeln. Die Form ist die Anwesenheit des Unteilbaren als Gliederung der Welt. Mit der Theorie der Form als einer spezifischen Ganzheit und Proportion glaubte Cusanus, die endlosen Streitigkeiten des Aristoteles und der Aristoteliker über Allgemeines und Einzelding, über Substanzen und Arten auf einfache Weise beendet zu haben.

4. Rückblick auf die Cusanische Einleitungsschrift *De beryllo*

Bevor ich die Schrift *De beryllo* als Leitfaden verlasse, um mich den Wirkungen des Cusanischen Denkens zuzuwenden, versuche ich, zunächst diesen Text und dann seinen philosophischen Ansatz als ganzen zu charakterisieren.

Es sollte ein pädagogisch nützliches Buch werden, eine anschauliche Einübung in das Denken der Koinzidenz, bestimmt für die Freunde am Tegernsee, die mit *De docta ignorantia,* aber auch mit *De visione dei* ihre Schwierigkeiten hatten. Der Kunstgriff des Schriftstellers bestand darin, Anschaulichkeit herzustellen, indem er die Koinzidenztheorie mit einer Brille verglich, die sichtbar macht, was dem gewöhnlichen Auge verborgen bleibt. Weil niemand die Brille nur für einen einzelnen Gegenstandsbereich benutzt, sondern für alles Sichtbare, sofern es schwer sichtbar ist, zeigte sich damit zugleich der universale Charakter der Koinzidenzlehre. Der Vergleich mit einem Augenglas war ein glücklicher und wirksamer Einfall.

Cusanus kam dem Anfänger in seiner Kunst noch einen weiteren Schritt entgegen, indem er die Grundlagen seiner Philosophie in vier Hauptsätzen zusammenfaßte. Er zeigte, daß sie nur mit Hilfe der Brille, also des Koinzidenzverfahrens, einsichtig gemacht und in ihrem einheitlichen Zusammenhang begriffen werden. Sein Resultat war:

1. Der Weltgrund ist unteilbar, also das bestimmungslose Eine. Nur mit Hilfe der Koinzidenzbrille kann er zugleich als Intellekt und damit als die allmächtige Intention, sich zu zeigen, gesehen werden.

2. Was wirklich ist, ist Wahrheit, also Idee oder deren Ähnlichkeit. Aber nur mit Hilfe der Koinzidenzbrille vermeiden wir es, die Idee als die einseitige Steigerung eines Gliedes von Verstandesgegensätzen mißzuverstehen und damit den umfassenden Charakter der Weltgründe (Prinzipien) zu verfehlen.

3. Das Eine ist das Maß aller Dinge, aber mit Hilfe der Koinzidenzbrille können wir sehen, daß zwischen dem Einen, das Geist ist, und dem Menschen, der Geist ist, nicht die einseitige Abhängigkeit besteht, die das Verstandesdenken zwischen dem Bewirker und dem Bewirkten ansetzt. Die Koinzidenzlehre gestattet, die intimere Gemeinsamkeit zwischen dem Einen und seinem Bild neu zu denken. Nur in ihrem Kontext erweist es sich als wahr, daß das Eine das Maß von allem ist und daß doch zugleich der Mensch das Maß aller Dinge, auch das Maß Gottes, ist. Die Koinzidenzlupe macht sichtbar, wie grob einseitig der Verstandesgegensatz von Maß-Setzen und Dem-Maß-Unterworfen-Sein ist; sie hält solche verdinglichenden Verstandeskategorien vom Einen und seinem Bild fern. Sie gibt den Grund an, weshalb es falsch ist, das Gemessenwerden Gottes durch den Menschen entweder gänzlich zu bestreiten oder als bloßen Schein auszulegen.

4. Die Koinzidenzlehre zeigt die Produktivität der menschlichen Begriffsbildung in neuem Licht. Der Mensch ist wahrhaft Schöpfer; er bewirkt die Welt unserer Gedanken, unserer Sätze, unserer Kultur, aber auch dies legt das Verstandesdenken falsch aus, indem es die intellektuelle Aktivität, die ein koinzidentaler Prozeß ist, der Alternative von Produktivität oder Assimilation unterwirft, dadurch den Menschen mißversteht und darüber hinaus noch das philosophische Denken mit sinnlosen Debatten belastet.

Diese vier Meditationspunkte sind in *De beryllo* klar ausgesprochen, überdies in einer freundschaftlich-warmen Tonart, nämlich in der intimen Form der direkten Anrede, wie es dem Projekt des esoterischen Wissens und der Notwendigkeit persönlicher Anleitung und intensiver Einübung allein entspricht. Dennoch: Cusanus hat sich auf diese pädagogisch-schriftstellerische Seite nicht hinreichend konzentriert. Auch dies gehört zu seiner philosophischen Eigenart und zu seiner geschichtlichen Situation. Er gibt das Resultat seines philosophischen Denkens von *De docta ignorantia* an bis 1458. Aber noch während er es zusammenfassend darstellt und veranschaulicht, verwickelt er sich schon wieder in neue theoretische Unternehmungen. Er hat sich um die Gliederung des Buches zu wenig gekümmert. Nichts hätte näher gelegen, als die vier Hauptsätze zum Gerüst des Textaufbaus zu machen. Cusanus beginnt auch, als sei dies seine Absicht, aber dann verderben schwierige Problemdiskussionen ihm dieses Konzept. Der Leser muß die Gliederungsscharniere mühsam suchen. Er kommt dann etwa zu folgendem Schema:

Vorwort: Erklärung der Absicht und des Wortes „Beryll“: n. 1–3
Vorstellung der vier Hauptsätze:
  Erster Hauptsatz: n. 4
  Zweiter Hauptsatz: n. 5
  Dritter Hauptsatz: n. 6
  Vierter Hauptsatz: n. 7
Erörterung der vier Hauptsätze:
  Erster Hauptsatz n. 8–13
  Zweiter Hauptsatz n. 14–64
  unterbrochen durch n. 55–57
  Dritter Hauptsatz n. 65–71
  Vierter Hauptsatz n. 55–57
Nachwort. n. 72.

Was die Erörterung der Hauptsätze zwei bis vier angeht, ist dies alles andere als eine klare Gliederung. Bei der Erörterung des zweiten Hauptsatzes bilden sich fünf Inseln deutlich unterscheidbarer Einzelfragen. Sie betreffen:

1. Die Frage, ob Wesenheiten (essentiae) eine Steigerung oder Minderung (magis vel minus) zulassen, n. 29–32,
2. die Trinitätsphilosophie, n. 33–42,
3. die Koinzidenzlehre als Theorie des dritten Prinzips und

damit die Kritik am Dualismus der Naturphilosophie des Aristoteles, n. 43–47,

4. das Verhältnis der Philosophie der Einheit zur Substanzontologie und damit zur Metaphysik des Aristoteles, n. 48–54,
5. die einheitsphilosophische Theorie der Formen, n. 58–64.

Ich spreche nicht von fünf „Exkursen“; dazu ist die Thematik doch zu einheitlich. Schließlich ließe sich die Gliederung auch folgendermaßen vornehmen:

Nach der Einleitung (n. 1–3) und der Präsentation der vier Hauptsätze (n.4–7) zeigt sich durch den Beryll:

I. Die Einheit des Weltgrundes (n. 8–32).

Näherhin: Sein Charakter als Prinzip und als Intellekt, den wir nur negativ wissen (n. 8–13). Er schafft Ähnlichkeiten (n. 14–20).

Dabei klärt sich der Sinn der Koinzidenzlehre. Der Akzent liegt auf der Schlüsselrolle der Minima, wofür Cusanus zwei Hinführungen anbietet: vom Punkt zum Körper, vom Mikrokosmos zum Makrokosmos (n. 21–27).

Er weist dann den Einwand zurück, seine Erkenntnisweise des einen Weltgrundes setze voraus, es gebe bei Wesenheiten ein Mehr oder Minder, doch zeigen sich gleichzeitig Gliederungen des Universums (n. 28–31).

Er resümiert: Niemand vor mir benutzte den Beryll (n. 32).

II. Die Dreieinheit des Weltgrundes (n. 33–47).

Näherhin: Die philosophische Argumentation für ein drittes Prinzip, das den Dualismus überwindet.

III. Die Lösung einiger Probleme der philosophischen Tradition (n. 48–64).

Näherhin:

Die Ontologie der Substanz (n. 48–54),

die Differenz von mathematischen Gegenständen und Naturdingen (n. 55–57),

die Metaphysik der species (n. 58–64).

IV. Der Mensch als das Maß aller Dinge (n. 65–71).

Diese Gliederung zeigt deutlicher den logischen Zusammenhang. Dennoch ist die Abfolge nicht ohne Zufälligkeit, und die Übergänge sind zuweilen abrupt. Vielleicht haben äußere Umstände des Lebens auf der Alpenburg die abschließende Redaktion verhindert. Aber es lag auch in der Thematik der vier Hauptsätze selbst, daß sie die Gefahr der Ausweitung und der Verwicklung in Diskussionen mit den großen Denkern der Tradition mit sich brachte. Daß dabei eine pädagogisch plausible und formal korrekte Ordnung nicht einzuhalten war, zeigt folgende einfache Überlegung:

Der erste Hauptsatz sollte alles Folgende enthalten. Aber Cusanus sagt mit auffallendem Nachdruck, nur mit Hilfe des Beryll gelange man zum Unteilbaren (n. 10, 1). Wenn man es nämlich nicht sowohl als Maximum wie als Minimum gedacht habe, denke man es auch nicht als Maximum. Dann kann man es auch nicht als das Zugleich von Einheit, Einsicht und Mitteilungslust denken, als das es doch, Cusanus zufolge, allein als Weltgrund fungieren kann. Um dies zu zeigen, mußte Cusanus Parmenides-Platon-Proklos auf die Linie Anaxagoras-Platon-Aristoteles-Eckhart-Lull hin auslegen; er mußte zudem zeigen, wo in diesem Konflikt Dionysius Areopagita stand, dessen hohe Einsichten als Vermittler der Geheimlehren des Apostels Paulus er gegen Zweifel verteidigen wollte, die in seiner Umgebung, nämlich durch Lorenzo Valla, der damit recht behalten hat, entstanden waren. Diese intellektuelle Situation hatte pädagogisch-schriftstellerisch zur Folge, daß nicht zu entscheiden war, ob der erste Hauptsatz die Voraussetzung oder die Konsequenz der Koinzidenzlehre war. Cusanus stand vor der Schwierigkeit, womit der Anfang zu machen war; er entschied sich für den ersten Hauptsatz, schob aber die These nach, allein die Koinzidenzlehre mache einsichtig, daß dieses unteilbare Prinzip zugleich Einsicht und Mitteilungslust sei. Wenn aber die Koinzidenzlehre das intellektuelle Erbe der Linie Parmenides-Platon-Proklos-Dionysius einsichtig zu machen und mit der Tradition der Geistphilosophie als identisch zu erweisen hatte, dann stellte sich Cusanus in der durch die schularistotelische Philosophie und durch die humanistische Aristoteles-Philologie bestimmten Bildungswelt eine weitere Aufgabe: Wenn der Weltgrund das Unteilbare ist, dann waren die traditionellen Einheitsinstanzen, also die Substanzen und die artbestimmenden Formen oder die species, als Modi des Einen zu erweisen. Genau diese Aufgabe sehen wir Cusanus in *De beryllo* anfassen, und zwar in anknüpfender Auseinandersetzung mit Aristoteles.

Dies ergab außerordentliche Komplikationen, die jedes didaktische Schema zu verwirren geeignet waren. Es waren ja nicht nur die schularistotelischen Prinzipien, die Substanzen und Formen, als Erscheinungen des koinzidental zu denkenden Einen zu erweisen; es war auch die neuplatonische Hierarchie von Intellekt – Geistseele – Sinnenseele zu integrieren. Die Ideenlehre war gegen den Versuch abzugrenzen, sie als maximale Steigerung *eines* Gliedes von Gegensatzpaaren des Verstandes aufzufassen. Das heißt: Die Ideenlehre war als Vernunftwissen darzustellen und zu verteidigen gegen das Verstandeswissen, sowohl gegen dasjenige, das sich ihrer *bemächtigt* wie gegen dasjenige, das sich *gegen* sie gestellt hatte. Zudem war Dionysius gegen seine berühmtesten Ausleger, Albert voran, von der Verstandesmanier zu befreien, seine Ahnungen der Koinzidenz disjunktiv auszulegen. Als wäre dies alles für eine Einführungsschrift nicht schon mehr als genug, befrachtete ihr Autor sie noch mit zwei weiteren Beweiszielen. Er wollte die Koinzidenzlehre klarstellen. Dabei setzte er den neuen Akzent, sie als universales Verfahren einer vernunftgeleiteten, nicht mehr verstandesbestimmten Einheitswissenschaft vorzustellen. Dabei bekam er es mit der Tatsache zu tun, daß die aristotelisch geprägte Tradition ihr Verbot widersprechender Sätze ontologisiert, kosmologisiert und psychologisiert hatte. Sie hatte aus ihrem Verstandesprinzip der Widerspruchsfreiheit ein Gesetz der Natur selbst gemacht (De ber. n. 40). Weil er das Koinzidenzdenken als Einheitswissenschaft empfehlen wollte – unus est enim in omnibus agendi modus (n. 45, 18) –, mußte er sich mit dem universalen Dualismus anlegen, der die gesamte philosophische Tradition bestimmt und sie an der Erkenntnis des dritten Prinzips gehindert habe.

Cusanus faßt in *De beryllo* die Koinzidenzlehre als das Universalverfahren, in jedem Ding und jedem Inhalt die immanente Anwesenheit seines negativ bestimmten Prinzips und insofern die seines Gegenteils nachzuweisen: tunc enim in uno est alterius principium (n. 47, 7–8). Dies sollte gelten für die Natur wie für die Menschenwelt; Cusanus illustrierte das an Grundbegriffen der *Politik* des Aristoteles. Aber welch ein Aufwand, dies *innerhalb* der platonisch-aristotelischen Tradition *gegen* diese konkret nachzuweisen. Diese Mehrfachlast mußte die Einführungsform zunehmend zerstören, zumal Cusanus für seine frommen Freunde noch ein letztes Ziel mit ihr verknüpfte, nämlich zu zeigen, daß die Koinzidenzidee nicht nur eine neue philosophische Theologie und eine neue Physik generierte, sondern auch zu einem besseren

Verständnis des Evangeliums führe. Sie sollte auch eine bessere Philosophie des Christentums erzeugen: ita evangelica doctrina manifestior fit (De ber. n. 69, 10). Die Schrift *De beryllo* führt das insofern aus, als das unteilbare Eine nicht in erhabener Bestimmungslosigkeit, also im Schweigen, verharrt; es ist seine Freude, sich zu zeigen und bei den Menschen zu sein. Die Trinitätsphilosophie präzisiert dies, was wiederum respektvolle Distanzierungen zum Dualismus bei Platon und Aristoteles erforderte. Cusanus war der – anfechtbaren – Überzeugung, Jesus und Proklos lehrten dasselbe: Gott bleibe nicht verborgen, sondern sei wesenhaft Sichzeigen. Er will, daß wir ihn sehen. Das Augenglas des Cusanus zeigt ihn uns. Das Motiv des Sichtbarmachens des Unsichtbaren durchzieht die ganze Schrift, aber sie konnte diesen Gedanken nicht auch noch religionsphilosophisch durchführen. Als erinnere Cusanus sich kurz vor Ende des Buches daran, statuiert er abschließend (n. 69–70) sein religionsphilosophisches Prinzip und endet, Platon zustimmend zitierend, mit einem warmen Appell an den lebendigen Glauben der Freunde, den er im Laufe des Buches niemals als Beweisgrund in Anspruch genommen hat und den sein Beryll in argumentativ selbständiges Wissen umwandeln soll.

5. Zur Charakteristik des Cusanischen Denkens

Achtzehn Jahre vor *De beryllo*, im Prolog zu *De docta ignorantia*, hatte Cusanus sein Ziel mit den Worten umschrieben, er wolle eine neue Denkweise bezüglich der göttlichen Dinge, einen neuen modus ratiocinandi in rebus divinis, vorlegen. Schon damals verstand Cusanus sich als Lehrer eines neuen *Verfahrens.* Liest man den Satz, mit dem er sein Ziel charakterisiert, in der deutschen Übersetzung von Paul Wilpert, dann lautet er, Cusanus wolle „eine Denkmethode" „in theologischen Dingen" vorführen. Abgesehen davon, daß der Begriff der „Methode" eher der cartesianischen und postcartesianischen Welt angehört, bringt diese Übersetzung richtig zum Ausdruck, daß es Cusanus um eine neue und einheitliche *Sehweise* ging. Er suchte nicht primär neue Stoffe, sondern eine neue Vorgehensweise. Dazu gehörte, ein neues Bewußtsein zu schaffen, Erkenntnisfortschritt sei möglich und nötig.

Der Wissensgewinn, der noch möglich ist, schrieb er, sei so groß, daß wir ihn gar nicht ausschöpfen können.

Dies war ein kulturpolitisches Programm. Cusanus selbst charakterisierte sein Denken als neue Norm der zu entwickelnden Wissenschaften, nova indagandarum artium formula (De coni. n. 1). Er wollte nicht Bewahrung des Alten, sondern Neuerung; er formulierte das Selbstbewußtsein der christlichen Renaissance um 1450. Dazu schlug er *neue* Verfahren vor. Dieser Aspekt kommt in *De beryllo* am schärfsten heraus. Aber schon 1440 nannte er es sein Ziel, auf ungewohnte Art die res divinae zu denken. Was verstand er unter res divinae? Sind res divinae „theologische Dinge"? War Cusanus in erster Linie „Theologe"? Für viele moderne Leser versteht sich das fast von selbst; schließlich, sagt man, sei er Kardinal und sei überhaupt das „Mittelalter" ein religiöses Zeitalter gewesen. Fromme Gelehrte verweisen auf *De docta ignorantia* III 11 n. 244, wonach der Glaube der Anfang der Weisheit und alle Einsicht die Explikation des Glaubens sei. Das mag sein, aber hätte Cusanus sagen wollen, er treibe Glaubenswissenschaft oder Bibelauslegung, dann hätten ihm dazu viele andere Ausdrücke zur Verfügung gestanden. Er schrieb aber: res divinae, und „göttliche Dinge" waren um 1440 nicht immer *„theologische* Dinge". Der antikisierende Ausdruck res divinae bedeutete: Die Gründe der Realität überhaupt sind neu zu bestimmen. Der Ausdruck schloß philosophische Theologie, aber auch Philosophie der Natur und des Menschen ein; er bedeutete „Theologie" im Sinne Platons, Aristoteles' und Varros. „Göttliche Dinge", das waren gerade nicht: Offenbarungslehre oder kirchliche Dogmatik. Was Cusanus 1440 als sein Ziel bezeichnete, war: erneuerte Universalwissenschaft oder eine andere Art, die Gründe aller Dinge zu sehen. Damals sprach er von der ungeheuren Mühe (ingens labor), die das Projekt ihm gebracht habe. Die Schwierigkeit bestand darin, seine neue Sicht gegen das aristotelische Wissenskonzept durchzusetzen, den Grund der Gründe zugleich als Maximum und als Minimum zu denken sowie eine entsprechende Kosmologie zu entwerfen. Denn auch die neue Theorie des Universums gehörte für Cusanus zu den res divinae.

De beryllo bot mehrfach Anlaß hervorzuheben, Cusanus treibe keine Bibelauslegung und keine Glaubenswissenschaft. Das heißt aber keineswegs, er sei kein „Theologe" gewesen. Er war „Theologe" im Sinne der antiken natürlichen Theologie, die zugleich Naturwissen und Lehre von der Seele war. Er war „Theologe" in dem Sinne, in dem Plotin und Cicero, Descartes, Spinoza und Leibniz, Fichte und Hegel „Theologen" waren. Er lebte in einer christlichen Umwelt, und er fing an, philosophisch dort zu graben, wo er stand. Dabei nahm er sich die Freiheit, auch den Begriff des „Glaubens" *seinen* Prämissen entsprechend zu definieren. Glaube war für ihn das, was die Gläubigen ablöst von der sinnlichen Welt und sie hinaufreißt in die Einfachheit der intellektuellen Welt: Fideles ... ad intellectualitatem simplicem rapiuntur (De doct. ign. III 11 n. 247). Gelegentlich definierte er „Glauben" als Erhebung des Geistes zur Vernunftwelt, ein andermal als das Hinnehmen irgendwelcher Ausgangspunkte, mit denen das Denken beginnen müsse, weil es sonst nicht in Gang käme. Er assoziierte „Glauben" mit „Wahrheit" und konnte schreiben, der vollkommenste Glauben sei nicht eine menschliche Orientierung, sondern die absolute Wahrheit selbst (l. c. III 11 n. 244). Er sah in Jesus die Wahrheit, aber er war überzeugt, Jesus und Proklos lehrten dasselbe; daher konnte er voraussetzen, die „Wahrheit" ließe sich auch aus Proklos ermitteln. Vor allem aber dachte Cusanus auch seinen Begriff von „Glauben" im Licht der Koinzidenzlehre und behauptete, der maximale Glaube sei ein Minimum an Glauben und ein Maximum an zweifelsfreier Gewißheit, also an Einsicht (l. c. III 11 n. 248). Was bei Cusanus „Glauben" heißt, das ist eine philologisch-historische Frage, und dabei kann nicht unterstellt werden, der Glaube Luthers oder die Glaubensdekrete des Ersten Vatikanischen Konzils sagten „dasselbe" wie Cusanus.

Natürlich bestreite ich nicht, daß Cusanus zuweilen die Bibel, zum Beispiel die *Genesis*, zitierte. Aber dabei unterschied er ihren einsichtigen Kern von ihrer bisweilen nur zufälligen, sogar absurden Schale und hob hervor, er stimme dem richtig interpretierten Moses zu, aber nicht, weil er, Cusanus, irgend einer Religionsgemeinschaft angehöre, sondern weil die Vernunft verbiete, anders zu denken (De Genesi n. 159–160).

Wenn Cusanus also das Wort „Gott" gebraucht, sind nicht moderne oder vermeintlich „mittelalterliche" Assoziationen einzusetzen, sondern der genaue Cusanische Begriff der unitas absoluta, der aus allen Gegensätzen herausgelösten Einheit. Dabei ist – mindestens – mitzudenken: Sie ist absolute Einheit, der nichts gegenübersteht, unitas absoluta, cui nihil opponitur (De doct. ign. I 5 n. 14). Nur wenn sie als solche gedacht wird, erkennen wir sie als das Wesen aller Dinge; sie ist alles das, was sein kann. Sie ist das, dem nichts entgegensteht. Wer also „Gott" sagt und etwas dabei denkt, dem irgendetwas gegenübersteht, der hat nicht den Cusanischen Gott gedacht. Der Cusanische Gott ist alles mögliche Sein; er ist das unendliche Groß-Sein, das alles Große und Kleine einschließt. Er ist die genaue Gleichheit mit allem, die keinem Ding gegenüber ein anderes oder eine verschiedene ist. In diesem Sinne ist er die unteilbare Wahrheit aller Dinge. Aber auch wer so weit vorgedrungen ist, hat erst die *traditionelle* Seite des Cusanischen Denkens berührt. Er hat begriffen: Wer die unendliche Einheit denken will, muß zuvor alles *ausspeien*, was aus der sinnlichen Wahrnehmung (wie dem Hören des Glaubenswortes, dem biblischen Buchstaben oder den Erzählungen von sichtbaren Wundern) stammt; er muß ausspeien, evomere, alle Phantasiebilder und alle rationalen Bestimmungen mit ihren stofflichen Anhaltspunkten, wie die der kirchlichen Dogmatik mit ihren biologischen Metaphern von Vater und Sohn (De doct. ign. I 10 n. 27).

Aber dies ist immer erst der Anfang der Cusanischen Reflexion. Wer die Cusanische Gottheit denkt, „unterscheidet" sie nicht mehr – im Verstandessinn von „unterscheiden" – von der Allheit der Realität oder von der „Natur"; er erfaßt ihre Anwesenheit in allem Menschlichen und Natürlichen. Er muß sich hinabstürzen in den Abgrund der Koinzidenz. Wer „Gott" sagt, aber dabei die Koinzidenz entweder vergißt oder verwirft, redet nicht von der absoluten Einheit, der nichts entgegensteht, unitas absoluta, cui nihil opponitur. Was die Koinzidenz besagt, habe ich im Vorausgehenden mit Cusanus in mehrfachen Wendungen dargelegt. Dabei möchte ich die Differenz zwischen *De beryllo* und *De docta ignorantia* keineswegs unhistorisch übertreiben. Koinzidenz besagte in *De docta ignorantia* unter anderem auch schon: Alle Bestimmungen, die wir der gegensatzfreien Einheit zuschreiben, kommen ihr ebensogut *nicht* zu, wie sie ihr zukommen. Wenn wir von ihr sagen, was sie *nicht* ist, dann *ist* sie ebenso das, was wir von ihr *verneinen*. (De doct. ign. I 4 n. 12). Das ist, wie *De beryllo* beweist, noch nicht die ganze Koinzidenzlehre, aber es ist deren unerläßlicher Anfang. Und es ist eine harte Regel. Ihr zufolge ist es ebenso wahr, von „Gott" zu sagen, er sei „lebendig" wie zu sagen, er sei „tot“. Wir denken ihn als Einheit, Einsicht und Mitteilungslust nur dann Cusanisch, wenn wir ihn zugleich als Nicht-Einheit, als Nicht-Einsicht und als Nicht-Mitteilungslust gedacht haben. Wenn das „Theologie“ ist, dann ist es jedenfalls eine sehr eigentümliche Art von „Theologie“, die sich schwerlich einem generellen Begriff von „Theologie“ unterordnen oder von diesem her auslegen läßt. Jahrhundertelang hatten mittelalterliche Theologen daran gearbeitet, es mit Gründen auszuschließen, daß Gott ebenso gut die Prädikate A und B wie Non-A und Non-B zugeschrieben werden könnten; sie kreierten Theologie als Wissenschaft. Und genau damit bricht Cusanus. Er nimmt Abschied vom „scholastischen“ Typus der Rationalität. Dieser Vorgang ist von großer geschichtlicher Bedeutung; er wird verdeckt, wenn man Anselm von Canterbury, Cusanus und irgendeinen Theologieprofessor des 20. Jahrhunderts unter den gemeinsamen Titel „Theologe“ bringt. Die Cusanischen res divinae haben demgegenüber ihren eigenen, allumfassenden, auch „physikalischen“ und „anthropologischen“ Charakter; sie müssen koinzidental gedacht werden. Das Cusanische Denken besteht also nicht darin zu sagen, das Viele könne nicht ohne das Eine gedacht werden, sondern in der Anleitung, das Eine als Einheit von Vielheit und Einheit, das Identische als Identität von Identität und Nicht-Identität zu denken. Diese Einsicht nicht als klappernde Formel zu wiederholen, sondern in je neuen sinnlichen Darstellungen aufzusuchen, das ist Cusanisches Denken. Daher schließt es Naturphilosophie immer schon ein, wie besonders *De beryllo* deutlich macht.

Die Cusanische Einheit ist Intellekt und Sichzeigen; sie wird als solche nur gedacht, wenn sie in ihren Zeichen gelesen wird. Dies setzt voraus, daß wir nichts aus ihr „ableiten“, sondern daß wir wissen: Wir gehen von faktischem Gesetztsein, auch von unserem *eigenen* faktischen Gesetztsein und Setzen aus. Daher konnte in *De beryllo* ein „voluntaristisches Einsprengsel“ Platz finden, denn alles, was wir antreffen, ist nichts Abgeleitetes, sondern etwas Gesetztes, wie ein Metermaß oder ein Schoppen. Weder aus der Einheit selbst noch gar aus den genera und species kann irgendetwas *deduziert* werden; immer fordert die Einheitsspekulation von sich aus den umstandslosen Übergang in die Empirie, oder vielmehr: Sie ist die Bewegung vom empirisch Vorgefundenen zur absoluten

Einheit und von dieser, außerhalb derer nichts ist, zum faktisch Konstatierten und je neu zu Konstatierendem zurück.

Immer neue Ecken in den unerreichbaren Kreis der Wahrheit einschreiben, das ist Cusanisches Denken. Aber dabei geht es nicht bieder-ingenieursmäßig zu. Denn einerseits hat Cusanus einen normativen Begriff von Wahrheit als der feststehenden Wesensform bewegter Dinge. Er hat einen idealistischen Begriff von Wahrheit: Wahrheit als das unteilbare, also nicht-empirische Maß. Er setzt die pathetisch-normativ gefaßte Wahrheit als Kriterium für Sein und Nichtsein, so daß er als wirklich nur gelten läßt, was entweder das Wahre selbst oder dem Wahren ähnlich ist. Er nimmt seinen platonisierenden Idealismus aristotelisch-realistisch.

Doch ist auch dies wiederum nur erst die *traditionelle* Seite des Cusanischen Denkens. Denn auch von der als subsistierend gedachten Wahrheit gilt: Alles, was wir von ihr sagen, trifft im selben Maße *nicht* zu als es zutrifft. Omne id quod concipitur esse non magis est quam non est (De doct. ign. I 4 n. 12). Die „Wahrheit" zeigt sich also und entzieht sich; sie ist ein Maßstab, aber als solcher nicht direkt zu gebrauchen. Indem wir sie als Koinzidenz denken, verweist sie auf faktisches Hinnehmen und konstatierendes Messen. Sie ist im selben Maße abwesend, wie sie anwesend ist. Dies schafft Unruhe; dies animiert zu immer neuen Recherchen; dies zeigt, daß es für uns Wahrheit nicht gibt außerhalb individueller und artspezifischer Perspektiven. Alle Sätze, mit denen wir es zu tun haben, sind immer auch *anders* als die Wahrheit; sie müssen hineingegeben werden in den weiteren Prozeß des Einschreibens von Vielecken in den Kreis. „Die Wahrheit", das ist, Cusanisch gedacht, die Negation von allem, was wir wissen. Daher ist „negativ sehen" ein Schlüsselbegriff des Cusanischen Denkens. Dies ist – bei aller Lehrentwicklung – der fortgeltende Sinn des Projekts der docta ignorantia.

Cusanus ging noch einen Schritt weiter. Wahrheit für uns, das ist immer ein Mischungsverhältnis. In der Erfahrung gibt es weder reine Ruhe noch reine Bewegung, sondern die wechselseitige Durchdringung von Ruhe und Bewegung, deren genaue Proportionen nur durch konstatierendes Messen festzustellen sind. Ruhe für uns ist zu denken als minimale Bewegung, Gerechtigkeit als ein Minimum von Ungerechtigkeit. Wahrheit als ein Minimum von Unwahrheit. Die Koinzidenzlehre sagt nicht nur etwas über die herausgelöste Einheit und die reine Wahrheit; sie charakterisiert menschliches Denken als eine Hin- und Her-Bewegung zwischen Maximum und Minimum; sie erzeugt das Bewußtsein, nicht das präzis umschriebene Gegenüber von „Substanzen“ zu sein, sondern in Mischverhältnissen zu leben, die immer bestimmt bleiben durch das bewegte Zugleich von Einheit und Andersheit.

IV. Wirkungen

1. Die Legende der Vergessenheit

Die Frage, welche Wirkungen das Denken und das schriftstellerische Werk des Nikolaus von Kues hatten, wurde in den letzten hundert Jahren verschieden beantwortet. Bis vor wenigen Jahrzehnten war es üblich, von Cusanus zu sagen, er sei vergessen gewesen. Trotz eines überschwenglichen Lobes durch Friedrich Schlegel sei er wenig beachtet geblieben; erst die letzten Jahrzehnte des 19. Jahrhunderts hätten begonnen, ihm historische Gerechtigkeit widerfahren zu lassen. Aber dann sei er oft einer neukantianischen Systematik unterworfen und mit seinen wesentlichen Einsichten verkannt worden; erst die römisch-katholisch inspirierte Cusanus-Forschung der Jahrzehnte nach 1945 habe ihn in seiner wahren Statur erkennen lassen; insbesondere habe sie den theologischen Charakter der Gedankenwelt des Kardinals erfaßt, was auch zur Neuausgabe seiner *Sermones* geführt habe.

Ich kann hier nicht alle Details der Wirkungsgeschichte des Cusanus anführen und belegen. Ich beschränke mich auf einige wenige Linien. Wer Untersuchungen dieser Art nachgehen will – es ist längst nicht alles erforscht auf diesem Gebiet –, dem stehen folgende Hilfsmittel zur Verfügung: Die kritische Ausgabe der *Opera omnia* (Leipzig – Hamburg 1932 ff.) verzeichnet eine Reihe von Dokumenten der Nachwirkung der Schriften des Cusanus; die Vorreden und Anmerkungen der Herausgeber enthalten manchen Hinweis; die *Mitteilungen und Forschungsbeiträge der Cusanus-Gesellschaft* (Mainz 1960 ff.) veröffentlichen Einzelergebnisse der rezeptionsgeschichtlichen Forschung; Stephan Meier-Oeser hat die Suche einen wesentlichen Schritt voran gebracht unter dem Titel: *Die Präsenz des Vergessenen. Zur Rezeption der Philosophie des Nicolaus Cusanus vom 15. bis zum 18. Jahrhundert*, Münster 1989. Ohne vollständig sein zu können, hat er nachgewiesen, daß Cusanus vom 15. bis zum 18. Jahrhundert besser bekannt gewesen ist, als bislang vielfach angenommen worden war. Daß Cusanus vergessen gewesen sei, kann heute als widerlegte Legende gelten.

Doch ist das Bild der Rezeption regional und temporal zu differenzieren; die Cusanus-Rezeption verlief in ungewöhnlich vielfältigen Strängen, die jeweils anderen Interessen und Bedingungen entsprangen. Dadurch wird das Bild verwirrend. Es gab Sonder-Bilder des Cusanus, die sich an einzelnen Schriften festmachten, die mit seinen philosophischen Zentralideen wenig zu tun hatten. Wer im konfessionellen Zeitalter seine anti-päpstliche Polemik mit einem angesehenen Namen verknüpfen wollte, konnte sich für den Konziliaristen Cusanus interessieren. Der Konziliarismus des Cusanus war zwar nicht ohne philosophische Fundierung; er war die rationale, die historische und juristische Begründung einer Glaubensüberzeugung; er gründete sich auf eine markante Philosophie des Rechts. Aber er war noch ohne die Koinzidenzlehre entwickelt worden und erlaubte insofern eine regionale und auch berufsspezifische Sonder-Rezeption, zumal unter romkritischen Kirchenpolitikern, Historikern und Juristen. Man konnte sich an Cusanus wenden, wenn die Frage der Kalender-Verbesserung anstand; diese war bis ins hohe 16. Jahrhundert ein brennendes praktisches Problem, zu dem Cusanus in *De reparatione calendarii* Stellung genommen hatte, ohne seine philosophischen Ideen dabei einzuführen. Cusanus hatte in einigen Schriften die Koinzidenz ausgeklammert. Dies gilt insbesondere für die Schrift über den Religionsfrieden (*De pace fidei,* 1453) und für die Anleitung zum quantitativ-messenden Vorgehen in Medizin und Naturforschung (*De staticis experimentis*). Dies waren exoterische Schriften, die bei bestimmten Berufsgruppen und in bestimmten Situationen Aktualität erlangten; die Philosophie des Cusanus als ganze kam dabei nicht in den Blick. Es gab daher partielle Rezeptionen der verschiedensten Arten; es gab keine organisierte Schule, die den wesentlichen Ideen des Cusanus kontinuierlich forschend und lehrend nachgegangen wäre, wie dies bei den großen Ordenslehrern des Mittelalters, bei Bonaventura und Duns Scotus, besonders aber bei Thomas von Aquino, der Fall war. Der Einfluß des Cusanus verlief regional und professionell je verschieden; er fand sich mehr bei Außenseitern als bei mächtigen Schulhäuptern.

Es gab bereits im 15., besonders aber im 16. Jahrhundert, mächtige Restaurationsbestrebungen des Schul-Aristotelismus; sie schlossen einen Erfolg des Cusanus in kirchlichen Lehranstalten aus. Die Jesuiten erkoren den Aristotelismus als Haus-Philosophie; der Thomismus wurde schon seit dem Beginn des 15. Jahrhunderts als Heilung aller geistigen Schäden und als Bollwerk gegen den kritischen Geist des Spätmittelalters kirchenamtlich, durch Kurie und Ordensleitungen, gefördert. Unter diesen Bedingungen konnte es im konfessionellen Zeitalter keine Cusanisten geben, wie es Skotisten und Thomisten gab. Im Rom der Borgia und Medici, aber auch im Rom der Gegenreformation und in der entstehenden lutherischen Orthodoxie herrschten ganz andere Vorlieben als für den platonisisierenden Denker. Als Reformator der Kirche und der kirchlichen Wissenschaft hat Cusanus keinen Erfolg gehabt. Er hat gewirkt, aber außerhalb der kirchlichen und akademischen Mauern.

Das alles kann nicht heißen, daß er vergessen war. Es gab unübersehbare, sichtbare Monumente, die an ihn erinnerten. Es gab sein schönes Grabmal in der Kirche S. Pietro in Vincoli, die jeder Rom-Pilger besuchte. Es gab in Kues das von ihm gegründete Hospital. Und es gab dort seine Bibliothek; sie war nach seinem Tod dort hingebracht worden; ihr Wert war italienischen und deutschen Gelehrten bekannt. Als Pico della Mirandola von seiner Flucht vor der Inquisition zurückkehren konnte, weil die Medici für ihn interveniert hatten, wollte er den Weg von Paris nach Florenz über Kues nehmen. Damals war der Kardinal schon mehr als zwanzig Jahre tot. Pico muß gute Gründe gehabt haben für seinen Umweg; ich konnte aus seinen Schriften nachweisen, daß er Werke des Cusanus kannte; vermuten konnte man das immer, denn es war bekannt, daß Pico in Kues war.

Es gab auch literarische Monumente, die an Cusanus erinnerten. Vermutlich im letzten Jahrzehnt des 15. Jahrhunderts schrieb Vespasiano da Bisticci seine Lebensbeschreibungen berühmter Männer (*Vite*). Vespasiano war der berühmteste Buchhändler der Zeit; er hatte Fürsten und Gelehrte aller Art kennen gelernt; von vielen, vor allem von den Medici, konnte er aus eigener Erfahrung erzählen. Er war ein Mann der Praxis, kein Philosoph und kein Theologe. Aber er nahm Nikolaus von Kues in seine Lebensbeschreibungen auf. Er lieferte von ihm ein kurzes, aber charakteristisches Portrait: Arm sei er gewesen, „sehr arm“. Nun, „arm“ ist ein relativer Begriff; ein armer Mann hätte niemals die Bücher kaufen können, die Cusanus erworben hatte. Vespasiano kannte die Kardinäle dieser Zeit; einige von ihnen hatten sich ganzer Landstriche bemächtigt. Cusanus sei „grandissimo filosofo et teologo“ gewesen; sein Werk enthalte sehr subtile Argumente, und seine Bücher hätten sich des größten Ansehens erfreut. Cusanus war also nicht unbeachtet geblieben. Die biographische Skizze des Vespasiano ist wenig ausgeführt; aber vom Denken des Kardinals erwähnt der florentinische Buchhändler immerhin noch dies, dieser sei ein berühmter Platoniker, „grande platonista“, gewesen. Das heißt: Cusanus war ein guter Kenner der platonischen Tradition. Es heißt wohl aber auch: Er gehörte nicht der aristotelischen, sondern der platonischen Richtung an. „Aristoteliker“ und „Platoniker“, das waren gegen Ende des Jahrhunderts gängige Parteinamen. Wenn man einen Denker kurz charakterisieren wollte, ordnete man ihn einer dieser Strömungen zu. Manche Cusanus-Forscher haben bei der Benutzung solcher Parteinamen, von denen Kant sagt, sie würden nie ohne ein gewisses Maß an Unrecht verwendet, nicht viel mehr Feinsinn an den Tag gelegt, als der kluge Florentiner Kaufmann.

2. Die alten Drucke

Das Werk des Cusanus konnte auch aus einem weiteren Grund nicht vergessen werden: Seine Schriften waren früh an prestigereichen Druckorten erschienen. Es gab Verleger, die erwarteten, daß sie gekauft würden, daß also für sie Interesse bestand. Ich nenne nur die schönen großen Ausgaben der Werke von Straßburg 1488, von Paris 1514 (von mir nachgedruckt: Frankfurt/Main 1962) und die von Basel 1565. Richtig ist, daß seit der Zeit des Konzils von Trient das Interesse an Cusanus zurückging. Es bliebe noch zu untersuchen, in welcher Auflagenhöhe die genannten Sammelausgaben gedruckt und von wem sie erworben worden sind. Vermutlich sind sie von einer „normalen“ deutschen Universität damals nicht angeschafft und dort auch nicht gelesen worden. Ihr Publikum waren einige reformfreudige Klöster und einige philosophie- und naturwissenschaftsinteressierte Humanisten; selbstverständlich haben Neuerer wie Giordano Bruno und Tommaso Campanella nach diesen Drucken gegriffen, aber die verschulten Universitäten der Zeit zwischen 1500 und 1800 wurden von ihnen kaum berührt, weder bei Katholiken noch bei Protestanten. Zuerst herrschte der erneuerte Aristotelismus, dann der Cartesianismus, dann die Aufklärungsphilosophie, teils deutscher, teils französischer Prägung. Ein Philosoph und Historiker wie Antonio Ludovico Muratori hat auch im 18. Jahrhundert noch Cusanus studiert; er interessierte sich für dessen Kosmologie, deren kopernikanische Fortentwicklung in Italien damals noch immer verboten war.

3. Cusanus außerhalb der Universitäten. Präsenz in Italien

Seine Bewunderer besaß Cusanus in der außer-universitären Welt. Doch gerade in bezug auf sie hat die Forschung der letzten Jahrzehnte die Perspektive gewechselt. Der große französische Wissenschaftshistoriker Pierre Duhem hat bereits 1909 geglaubt ausmachen zu können, Leonardo da Vinci verdanke dem Denken des Nikolaus von Kues wesentliche Impulse (Duhem 1909). Er glaubte, eine Schule von Cusanianern ausmachen zu können, die in der zweiten Hälfte des 15. Jahrhunderts rund um den Mathematiker Pacioli und um Leonardo bestanden habe. Ernst Cassirer hatte schon im Jahre 1906 Cusanus als den Begründer der neuzeitlichen Theorie der Erkenntnis identifiziert; er war Hinweisen von Rudolf Eucken und Rudolf Falckenberg gefolgt (vgl. Falkkenberg 1880; Cassirer 1906). Bestätigt und zu Weiterungen angeregt von dem angesehenen französischen Wissenschaftshistoriker, entwarf Ernst Cassirer 1927 als Festgabe für Aby Warburg ein neues Gesamtbild der Philosophie der Renaissance. Er sah in Cusanus den Ideengeber der gesamten intellektuellen Situation der zweiten Hälfte des 15. Jahrhundert; nicht nur Leonardo, sondern auch Marsilio Ficino und Pico della Mirandola hätten von Cusanus als dem Vordenker der italienischen Renaissance gezehrt. Dabei sah Cassirer in Cusanus vornehmlich den methodisch-strengen Lehrer einer neuen, auf Mathematik gegründeten Naturforschung. Die Koinzidenzlehre interessierte ihn wenig, aber seit 1906 weitete er sein Interesse zunehmend aus, von der reinen Erkenntnistheorie und Methodologie der mathematikorientierten empirischen Forschung auf die Spiegelung der Ganzheit des Universums in den Individuen als in der einzigen Realität. Es war weniger das Bewußtsein der Überlegenheit deutscher Wissenschaft, zurückdatiert auf das italienische 15. Jahrhundert, als der Respekt für die „Ergebnisse" der akribischen Recherchen des französischen Wissenschaftshistorikers Duhem, die Cassirer veranlaßt haben, Cusanus eine derart zentrale Rolle für das intellektuelle Leben bis etwa 1520 zuzuschreiben.

Italienische Gelehrte reagierten zunächst mit brüskem Erstaunen; sie fragten nach den Beweisen für die Präsenz des Cusanus im Italien des ausgehenden 15. Jahrhunderts; sie fanden keine (oder so gut wie keine) handschriftlichen Texte des Cusanus in italienischen Bibliotheken; sie fanden bei Ficino nur entstellte und bei Pico keine Belege für eine Kenntnis des Cusanus; sie hoben hervor, Leonardo habe sich als einen nicht-studierten Künstler, einen uomo senza lettere, und nicht als Schüler eines deutschen, halb-mystischen Theologen verstanden. Die italienische Reaktion auf Cassirers allzu globale Betrachtung brachte Eugenio Garin 1960 (erschienen ist der Vortrag 1962) auf seine gelehrteste und klassische Form. Danach bestand zwischen der mehr mystischen Philosophie des Cusanus und der kulturellen Welt der italienischen Platoniker ein großer Abstand. Die handschriftliche Überlieferung weise – außer für *De beryllo* – nicht auf Präsenz in Italien hin. Man könne nicht von einer kontinuierlichen Linie Cusanus-Ficino-Pico zu den französischen Platonikern sprechen. Erst diese hätten in einem zweiten Stadium, Generationen nach dem Tod des Cusanus, ihn wieder verbreitet. Die französischen Humanisten und Wissensreformer des 16. Jahrhunderts – also Bovillus, Champier und Léfèvre d'Etaples, der Veranstalter der Cusanusausgabe von 1514 – hätten nachträglich Cusanus wieder in Italien eingeführt; sie seien es gewesen, die Giordano Bruno mit dem Lullismus und mit den Gedanken des Cusanus vertraut gemacht hätten. Also erst in der zweiten Hälfte des 16. Jahrhunderts sei Cusanus bei Außenseitern wie Bruno wieder heimisch geworden. Pico und Ficino hätten selbständigen Zugang zu den griechischen Quellen des Neuplatonismus gehabt; dadurch erkläre sich in der Rückschau manche Gemeinsamkeit. Dies sei aber das Gegenteil der von Duhem und Cassirer behaupteten direkten Einwirkung, die sie aus den Handschriften nie bewiesen hätten. Es klaffe eine Lücke von fast einem Jahrhundert zwischen der Entstehung der Werke des Cusanus und seiner Wirkung in Italien (Garin 1962).

Diese magistrale Klarstellung durch Eugenio Garin, den besten Kenner der Philosophie des Florentinischen 15. Jahrhunderts, hat für zwei Jahrzehnte die Diskussion bestimmt. Die allzu allgemeinen Annäherungen zwischen Cusanus und Leonardo und die allzu globalen Behauptungen Cassirers über Cusanus als den Inspirator von Ficino und Pico waren widerlegt; der direkte Zugang Ficinos und Picos zu den Quellen des Cusanus und zu sehr viel umfassender gewordenen Traditionen war überzeugend in Erinnerung gerufen. Auch heute kann niemand mehr zu Duhems und Cassirers generalisierenden Thesen zurückkehren. Die Florentiner haben nicht auf Cusanus gewartet, um mit der platonisch-proklischen Tradition und mit Hermes Trismegistus bekannt zu werden. Außerdem muß man die Raschheit der intellektuellen, sozialen und politischen Entwicklungen im Florenz der zweiten Jahrhunderthälfte kennen. Vieles, was 1450 „modern" war, galt 1480 dort schon als veraltet, und um 1500 trat noch einmal eine grundlegende Änderung der intellektuellen, sozialen und politischen Situation ein.

Dennoch hat sich die Forschungssituation gegenüber den skeptischen Reaktionen auf Cassirer heute gewandelt. Ich habe in den siebziger Jahren, aber auch später noch, eng mit Eugenio Garin zusammengearbeitet, in Florenz und an der Scuola Normale Superiore in Pisa. Ich glaubte damals entdeckt zu haben, daß sich durch genauen Textvergleich nachweisen lasse, daß Pico della Mirandola Cusanus studiert habe. Ich wußte, daß ich damit dem gelehrten älteren Freund widersprechen mußte. Um ihm Gelegenheit zur Äußerung zu geben, wollte ich ihm meinen kleinen Aufsatz vor der Drucklegung zum Lesen zuschicken. Aber lachend antwortete er mir: „Drucken Sie nur ruhig. Ich habe inzwischen meine Meinung aufgrund anderer Argumente geändert." Mein Aufsatz ist dann in den *Mitteilungen und Forschungsbeiträgen der Cusanusgesellschaft* erschienen (Flasch 1980); er hat die Zustimmung aller bedeutenden Forscher gefunden und reiht sich heute ein in eine Serie von Untersuchungen, die Cusanus auch für die Zeit von 1460 bis 1550 in Italien als präsent erweisen; auch die zusammenfassende Studie von Stephan Meier-Oeser (1989) nimmt ihn zum Ausgangspunkt. Pico war nicht nur zur seiner Überhöhung der Würde des Menschen von Cusanus inspiriert, bei dem der Mensch das Bild des unendlichen Gottes wird; Pico erklärte, er wolle öffentlich die Koinzidenzlehre verteidigen. Von den vielen weiteren Argumenten, die zu einer Neubestimmung des Verhältnisses des Cusanus zu den italienischen Denkern geführt haben, nenne ich hier nur zwei: Einmal hat Cesare Vasoli in seinen Ficino-Untersuchungen eine größere Nähe Ficinos zu Cusanus ausgemacht, vor allem in dessen Schriften *De christiana religione* und *De raptu Pauli.* Richtig ist, was gegen Cassirer eingewendet worden ist: Die Florentiner hatten seit Beginn des Jahrhunderts, vor allem aber seit der Anwesenheit des Griechen Plethon in Florenz, dessen Vorträge Cosimo de' Medici persönlich gehört hatte, einen eigenen Zugang zu platonischen Ideen und Texten. Aber auch Cusanus stand damals mit Plethon in Verbindung; sie haben höchst wahrscheinlich 1438/39 die durch den Winter verzögerte Überfahrt von Byzanz nach Venedig – auf dem Weg zum Einigungskonzil von Ferrara-Florenz – im selben Schiff gemacht. Cusanus war keineswegs der einzige, nicht einmal der wichtigste Vermittler der platonischen Tradition. Dennoch: Nicht nur bei Pico, sondern auch bei Ficino tauchen Ideen des Cusanus auf.

Eine zweite Reihe von Überlegungen, an denen wiederum Eugenio Garin und Cesare Vasoli wesentlichen Anteil nahmen, betrafen Verbindungspersonen wie Pierleoni da Spoleto. Dieser Hausarzt des Lorenzo de Medici und Freund des Ficino, besaß Handschriften mit Texten des Cusanus und hat sie nachweislich sorgfältig durchgearbeitet. Damit haben wir einen direkten Zeugen der Vermittlung zwischen Cusanus und der sogenannten Florentiner Akademie. Dies sind nur zwei der Argumente, die eine Anwesenheit des Cusanus im intellektuell führenden Italien der zweiten Jahrhunderthälfte beweisen. Nicht erst Bovillus und der Pariser Drucks der Werke des Cusanus haben ihn im Italien der Zeit von 1464 bis 1514 bekannt gemacht. Die Tätigkeiten der französischen Humanisten kamen hinzu und haben Cusanus ab etwa 1514 (Pariser Druck) bis zum Tode des Giordano Bruno 1600 eine limitierte Gegenwart gesichert. Beschränkt war sie allemal; die gegenreformatorische Kirche war, von einigen Erleuchteten abgesehen, insgesamt auf einem anderen Wege als der deutsche Kardinal. Es war ein Weg, der zur Kerkerhaft des Campanella, zur Verbrennung des Giordano Bruno und zur zweifachen Verurteilung Galileis führte. Die weltgeschichtliche Lichtstunde Italiens, die von etwa 1300 bis etwa 1633 gedauert hatte, lief seitdem ab; andere Nationen, die Franzosen, die Niederländer und schließlich die Engländer, wurden die Fackelträger des neuen Lichts.

Schon die Platonvorträge Plethons 1439 in Florenz zwangen zu einer neuen Verhältnisbestimmung von Platon und Aristoteles. Für Plethon wie dann auch für Cusanus war Aristoteles unerläßlich als Meister der Logik und Ethik, aber er war unzureichend auf dem Feld der Naturforschung und der Metaphysik. Für Cusanus hatte er präzis die Bedeutung, die Weltsicht des Verstandes am klarsten expliziert zu haben; dadurch wurde im 15. und 16. Jahrhundert die Diskussion um das Erbe des Cusanus regelmäßig auch eine Untersuchung der Erkenntnisstufen: Wahrnehmung – Verstand – Vernunft. Umstritten war der Wert der geometrischen Argumente des Cusanus. Schon bei seinen Zeitgenossen Paolo del Pozzo Toscanelli und Georg Peuerbach galten sie eher als überstiegene Spekulationen denn als Mathematik, deren Professionalität sich zunehmend theologisch-metaphorischen Übertragungen verschloß. Deutsche Humanisten – insbesondere Johannes Reuchlin und der gelehrte Abt Johannes Trithemius, der Cusanus in seinen Katalog von Kirchenschriftstellern (1494) aufnahm – kannten die Schriften des Cusanus; Beatus Rhenanus schrieb an Reuchlin, als er für die geplante Pariser Ausgabe des Cusanus nach Schriften des Cusanus suchte. Stephan Meier-Oeser hat gezeigt, daß bei Reuchlin Cusanus zwar präsent ist, daß jedoch zwei Motive die Cusanische Spekulation bei ihm überlagern, einmal die Neigung, Cusanus mit allem Pythagoreischen und mit der Kabbala zu verbinden, zweitens die Identifikation der höchsten Cusanischen Erkenntnisstufe mit dem Glauben. Unter diesen Bedingungen konnte die Philosophie des Cusanus nicht durchgängig Boden gewinnen, auch wenn Reuchlin noch nicht wie Luther den Glauben an den biblischen Buchstaben band. Dies spricht auch dagegen, Cusanus und Luther, wie man in ökumenischem Eifer versucht hat (vgl. Metzke 1961; Weier 1967), einander anzunähern. Denn weder teilte Cusanus die Bindung an das Bibelwort – vor ihr hat er als kirchenzerstörend in weiter Voraussicht im Hussitenkrieg sogar gewarnt –, noch konnte Luther die Hochschätzung des Dionysius Areopagita durch Cusanus teilen. Cusanus war in der Reformation brauchbar als Konziliarist und

Anti-Papist, aber seine Höherschätzung des intellectus und des excessus gegenüber dem Glauben, den er als Anfangsstufe und als unentbehrliche moralische Grundorientierung, aber nicht als die höchste Erkenntnis ansah, und gar seine geometrischen Hinführungen führten von Luther weg. Vor allem aber: Der Gott des Cusanus war, wie gerade *De beryllo* beweist, wesentlich Sichzeigen; er hatte eine Welt geschaffen, der man dieses Sichzeigenwollen als ihren Grund ansah; Cusanus auf das Motiv des „verborgenen Gottes" festzulegen, das bei ihm ein wichtiger, aber einzuordnender Aspekt ist, um ökumenische Verbrüderung zu feiern, ist ein unhistorisches Vorgehen. Außerdem hatte Cusanus das Motiv des allmächtigen Gotteswillens, wie wiederum gerade *De beryllo* zeigt, von der anthropomorphen Grobheit befreit, auf der Luther bestand.

Wir haben im 16. und 17. Jahrhundert viele Beispiele einer zerlegenden Cusanus-Rezeption. Einzelne Werkteile oder Theorieelemente wurden gebraucht. Skeptiker zitierten Cusanus, unser Wissen sei ein Nicht-Wissen. Wer wie Lessing an Toleranz der Religionen interessiert war, holte das Buch *De pace fidei* hervor und sorgte für dessen Übersetzung. Wer apokalyptischen Erwartungen einen kalkulatorischen Boden geben wollte, las seine Schrift über den *Jüngsten Tag*; entschlossene Empiriker stützten sich auf seine *Versuche mit der Waage*. Rezeptionen, die an der Koinzidenzlehre, ihren Prämissen und Folgerungen vorbeigehen wollten, gab es eine Fülle (vgl. dazu Meier-Oeser 1989; Gawlick 1970).

4. Cusanus und Giordano Bruno

Anders ist es bei Giordano Bruno. Bruno hat Cusanus als ausgezeichneten, als „göttlichen" Geist gerühmt: Hätte ihn sein Priestergewand nicht gehindert, er wäre größer als Pythagoras. Vieles habe dieser große Mann gesehen, nur habe er es nicht immer mit Konsequenz verfolgt. Er habe sich auf und ab bewegt, wie ein Schwimmer, der in stürmischer Flut keine zusammenhängenden sicheren Bewegungen zu machen imstande war (De l' infinito, dial. 3, in: Dialoghi I 441). Brunos Nähe zu Cusanus und sein gewaltsames Ende durch die Kurie haben ihn zu einer Symbolfigur werden lassen; man stellte ihn dem Kusaner gegenüber wie das Mittelalter der Neuzeit. Diese Art der Gegenüberstellung setzte früh ein; sie reichte von 1847 bis mindestens 1966 (vgl. Clemens 1849; anders und auf weit höherem Niveau: Blumenberg 1966). Selbst bei Hans Blumenberg herrscht noch die Entgegensetzung des Nolaners zum Kusaner. Sie bedürfte detaillierter Erörterung; Respekt vor dem feinsinnigen Gelehrten Blumenberg wäre mit dem Nachweis zu verbinden, daß auch bei ihm schematische Bilder der Epochen Mittelalter und Neuzeit nachwirken und daß Blumenberg das späte Mittelalter einseitig als Zeitalter der Omnipotenztheologie zeichnete.

Der oft erhobene Pantheismusvorwurf ist keiner ernsthaften Widerlegung wert; weder Bruno noch Cusanus haben die Differenz von Grund und Begründetem, Urbild und Abbild bestritten. Wenn man bezüglich des Kardinals insistiert, er habe Gott und die Welt zu *unterscheiden* gewußt, so muß man hinzufügen, daß sein Gott sich durch *Nicht-Unterscheidung unterscheidet*, und dem stimmte auch Bruno zu. Auch Bruno dachte seinen Gott als das einzige Gute. Auch sein Gott war das von allen Gegensätzen losgelöste Eine, unum absolutum super omnia, separatum ab omnibus (Opera III 549). Der Gott Brunos ist, wie der des Cusanus, alles das, was sein kann, also die Identität von Potenz und Akt (De la causa, in: Dialoghi I 281). Für Bruno ist, wie für Cusanus, die Gesamtheit der Realität, auf ihre Substanz hin betrachtet, eine einzige (l. c. I 287). Aber sie ist vielfach gegliedert, wie bei Cusanus, nach dem Schema Intellekt-Seele-Stoff (l. c. I 272–273). Bruno handhabt, ähnlich wie Cusanus, das universale Begriffspaar complicatio – explicatio (l. c. I 282). Bruno kritisierte Aristoteles wegen seines Versagens bezüglich des dritten Prinzips, des nexus. Dabei war Bruno nicht an Trinitätstheologie interessiert. Die Kritik am Dualismus des Aristoteles war argumentativ selbständig; sie war keine bloße Funktion der Trinitätstheologie und löste sich bei Bruno auch de facto von ihr ab.

Falsch ist es zu behaupten, bei Cusanus sei die Koinzidenz das Privileg Gottes und erst Bruno habe sie auf die Welt ausgedehnt und damit den Cusanischen Gedanken säkularisiert. Dies beweist insbesondere der Vergleich von *De beryllo* mit Brunos Dialog *De la causa, principio e uno*. Bruno unterschied zwischen Zeichen (segni) der Koinzidenz und ihren argumentativen Bewährungen (verificazioni). Zeichen seien die geometrischen Hinführungen; die Verifikation erfolge beim Studium der Natur. Und dafür bringt Bruno das Cusanische Beispiel aus *De beryllo*: Das Prinzip der Wärme ist unteilbar und trägt nicht die Merkmale des von ihm Begründeten. Es ist also weder warm noch kalt und ist der gemeinsame Grund des Warmen wie des Kalten. Aber die Negativität des Grundes kommt im Minimum der Wärme besser zur Ansicht als im Maximum. Wir wenden uns daher dem Minimum der Wärme zu, um in ihm des Grundes ansichtig zu werden, der zugleich das Maximum ist (l. c. I 338–339).

Der katholische Theologe Franz Anton Scharpff wollte Cusanus vor den kirchlichen Verdikten retten, die gegen Bruno galten und wollte deswegen beweisen, die Philosophie Brunos sei die „Fälschung und Verstümmelung" der Gedanken des Cusanus. Seitdem wurde das Urteil oft nachgesprochen, Cusanus sei Theist, Bruno hingegen Pantheist. Beides trifft nicht recht zu, beides ging aus dem Mißverständnis der neuplatonischen Diktion hervor; beides verfestigte fiktive Epochengrenzen. Dabei gibt es vieles, was Bruno von Cusanus trennt: Hatte Cusanus die kopernikanische Revolution nur von weitem vorbereiten helfen (vgl. dazu Klibansky 1953), so lag sie für Bruno vor; er hatte ihre philosophische Bedeutung zu bestimmen. Er radikalisierte die kosmologischen Ideen des Cusanus bezüglich der Erdbewegung und der Unbegrenztheit des Universums; er sprach wie Cusanus vom Einen, das sich in vielen Weltgestalten offenbare; er umging nicht den Hauptgedanken der Koinzidenz, die auch in der sinnlichen Welt bestehe: anco in queste cose inferiori. Er kannte und zitierte nicht nur das zweite Buch von *De docta ignorantia* (vgl. Bruno: De la cena delle ceneri, dial. 3, in: Dialoghi I 91, 102; De l' infinito: Dialoghi I 441–442) sondern insbesondere auch *De beryllo*. Im fünften Dialog von *De la causa, principio e uno* trägt Bruno die Koinzidenzlehre in der Form vor, wie sie in *De beryllo*, nicht schon in *De docta ignorantia* entwickelt ist. Ihn interessierte die Cusanische Spekulation von *De beryllo* über das Minimum als Weg zum Maximum. *De beryllo* war geradezu ein Schlüsseltext für Brunos Zugang zu Cusanus; Stephan Meier-Oeser (1989, 272 und 273) spricht in seiner gründlichen und überzeugenden Studie von einer „intensiven Rezeption" des Buches über den Beryll, von geradezu „massiven Übernahmen".

Zwischen 1450 und 1580 war der Rang des Aristoteles wieder erhöht worden; Bruno mußte ihn niedriger ansetzen, vor allem auch wegen seiner Vermischungen von Physik und Metaphysik. Cusanus hatte den platonischen Gedanken der Weltseele nicht gänzlich verworfen; bei Bruno diente er dazu, das unendliche Universum zu dynamisieren. Der platonische Gedanke, der Kosmos sei ein Welttier, unterschied Brunos Denken scharf von Galilei und Descartes. Bruno war so unvorsichtig, wie Cusanus diplomatisch gewesen war; seine Lehre von der Vielzahl der Welten, die er nicht erfunden hat, erregte Anstoß; er kritisierte christliche Lehrpunkte, zuweilen lästerte er die christliche Religion, und er konnte sich nicht damit herausreden, er habe immer nur als Philosoph gesprochen, Fragen des Glaubens habe er nicht berührt. Bei näherer Analyse zeigen sich viele Differenzen zwischen Cusanus und Bruno; bei deren Erforschung schaden Epochen-Bilder mehr als sie nützen. Aber gemeinsam ist nicht nur eine je verschieden weit gehende Korrektur des ptolemäischen Weltbildes und eine Neukonzeption des Universums, sondern vor allem eine koinzidentale Philosophie des Einen und seines Erscheinens in der Welt. Bruno sah wie Cusanus im göttlichen Einen die wahre, die überseiende Wirklichkeit, deren Denken den Dingen das Sein gibt; beide hielten die erscheinende Welt für den Schatten der Ideen. Beide kannten die Differenz von Gott und Welt, aber auch bei Cusanus unterscheidet Gott sich durch Ununterscheidbarkeit von allen Weltdingen, die unterscheidbar sind. Das sind subtilere Differenzen, als sie der Durchschnittsgebildete im Auge hat, der den Unterschied von Mittelalter und Neuzeit zu kennen glaubt. Im Lichte des Koinzidenzdenkens koinzidieren auch Unterschied und Nicht-Unterschied; der maximale Unterschied ist zugleich der minimale. Diesen Gedanken haben Cusanus und Bruno gemeinsam. Auch die Kosmologie beider Denker ist nur mit dem Beryll angemessen zu sehen, beruht sie doch darauf, daß auch das Universum als Maximum ein Minimum sein soll, daß sein Zentrum und sein Umfang koinzidieren.

Brunos Wiederaufnahme der Koinzidenzidee hat diese vom Namen des Cusanus abgelöst und ihr neue Verbreitung gesichert. Bruno hat allerdings den härtesten Punkt der Cusanischen Koinzidenzlehre, die Koinzidenz der Widersprüche, eher im dunkeln gelassen, doch konnte dieser später aus seinen Werken rekonstruiert werden. Bruno wurde gelesen, vor allem außerhalb des römisch-katholischen Zensurbereichs, und auch, nachdem Cusanus durch die neue Physik (Galilei und Descartes), die ohne Weltseele auskam, und durch neue Kosmologien weniger attraktiv geworden war.

Allerdings haben Verteidiger Galileis wie Tommaso Campanella sich auf Cusanus berufen, um die Vereinbarkeit des Kopernikanismus mit dem christlichen Glauben plausibel zu machen. Auf diese Weise wurde Cusanus auch im 17. Jahrhundert wieder ins Spiel gebracht. Wie wenig er vergessen war, zeigt auch folgende Tatsache: Jakob Brucker nahm ihn in seine *Kurtze Fragen aus der Philosophischen Historie*, Fünfter Theil, Ulm 1734, auf. Er zählte ihn zu den philosophischen Erneuerern, die der „scholastischen unnützen Philosophie auf den Leib gegangen und dadurch der heilsamen Reformation auch in der Philosophie den Weg gebahnet“ (S. 1362f.). Brucker ging nicht näher auf seine Philosophie ein, aber er gab eine recht gute biographische Skizze und verwies auf etwa zehn Schriftsteller, bei denen Näheres über den Kardinal zu lesen sei (S. 1389–1390). Aus dieser polyhistorischen Zusammenstellung war schwerlich ein philosophischer Funken zu schlagen. Aber es gab ja den anderen, den philosophischen Vermittler: Bruno.

Aus Bruno, nicht aus Cusanus, kannte Hamann die Idee der Koinzidenz. Er faßte sie, wie es in ihrer Logik liegt, ausdrücklicher als Bruno, als Koinzidenz auch der Widersprüche; der Einfall, die Koinzidenz der contraria zu akzeptieren, aber die Koinzidenz der Widersprüche prinzipiell meiden zu wollen, hätte für jeden gründlichen Denker eine nominalistische Abspaltung des Denkens vom Sein bedeutet. Hamann also schreibt in einem Brief an Jacobi vom 16. Januar 1785, er liebe das Prinzip der Koinzidenz. Er wisse nicht recht warum. Er habe es immer dem Prinzip vom zureichenden Grund vorgezogen. In einem Brief an Herder vom 18. November 1782 erklärt er, das Koinzidenzprinzip des Bruno sei „mehr wert als alle Kantische Kritik“. Nachdem Bruno derart empfohlen war, wundert die Goethe'sche Hochschätzung nicht mehr, auch nicht der mephistotelische Spott über eine Christenheit, die den Einsichten Brunos abgeschworen hat:

„Natur und Geist, so spricht man nicht zu Christen!
Deshalb verbrennt man Atheisten.“

Ein Leser, der das geschichtliche Umfeld des Cusanischen Denken ein wenig umschreiten möchte, sollte neben *De beryllo* zumindest den Platonischen *Timaios* und Schellings *Bruno* lesen. Zwischen diesen Schriften liegen geschichtliche Welten, und je mehr man eindringt, um so mehr Unterschiede zeigen sich. Aber sie zeigen sich innerhalb einer Kontinuität, die man kennen sollte, um nicht schematischen Bildern von Epochen zu erliegen. Wer zum Beispiel meint, es sei spezifisch theologisch, daß Cusanus das Denken als Suche nach der Einheit definiert, der kann aus Platon und Plotin, aus Schelling und Hegel erfahren, daß auch sie das Philosophieren so verstanden haben. Wer denkt, die Rede vom Logos als dem Sohn sei ein reines Theologumenon, der liest in Schellings *Bruno*, die Form der Formen sei „der dem Absoluten eingebohrene Sohn, gleich ewig mit ihm, nicht verschieden von seinem Wesen, sondern Eins" (Schelling 1802, 220). Ein solcher Text zeigt: Nicht alles Moderne war antitheologisch; nicht alles, was „theologisch" klingt, war, wenn man auf die Argumentationsstelle achtet, Offenbarungslehre, und nicht alles mittelalterliche Denken war theologischer Absolutismus. In Schellings *Bruno* kehren, wohl durch Hamann vermittelt, eine Reihe von Ideen wieder, die wir aus Cusanus und aus Bruno kennen. Jacobi hatte, auf der Jagd nach Pantheisten, in einer Beilage zur zweiten Auflage seiner *Briefe über die Lehre des Spinoza* Auszüge aus Brunos *De la causa* paraphrasiert. Von ihnen ging Schelling aus, in einer neuen, durch Kant bestimmten intellektuellen Situation. Aber einige Formulierungen zeigen weitgehende Entsprechung zu Bruno und zu Cusanus (auf der *De beryllo*-Stufe). Schellings Bruno faßt sein Ergebnis zusammen: „Um in die tiefsten Geheimnisse der Natur einzudringen muß man nicht müde werden, den entgegengesetzten und widerstreitenden äußersten Enden der Dinge nachzuforschen: den Punkt der Vereinigung zu finden ist nicht das Größte, sondern aus demselben auch sein Entgegengesetztes zu entwikkeln, dies ist das eigentliche und tiefste Geheimniß der Kunst." (Schelling 1802, 221)

Dies ist eine Zusammenfassung der Lehre von *De beryllo*. Eine Reihe von anderen Motiven kehrt wieder: Was wir sehen, sind nichts als Begriffe. „Du schaust nie etwas anderes an als Begriffe." (Schelling 1802, 149) Schelling bestimmt das Verhältnis von Realität und Wissen ähnlich wie Cusanus in *De beryllo*. So wenig wie das Wissen eine reine Idealität, so wenig ist das Sein reine Realität, beide sind relativ aufeinander; das Erste, das seinen Gegensatz in sich enthält, steht außerhalb des Gegensatzes von Sein und Wissen. Schellings *Bruno* kritisiert die Neigung des Verstandes, das Endliche außerhalb des Unendlichen zu setzen. Das hieße, es ihm entgegenzusetzen und damit das Unendliche zu verendlichen. Bei Cusanus stand dem göttlichen Einen, weil es unendlich war, nichts gegenüber, es war das Eine, das keinen Gegensatz hatte, das unum cui nihil opponitur (vgl. Beierwaltes 1973 und 1980). Schelling: „Wer daher den Ausdruck fände, für eine Thätigkeit, die so ruhig wie die tiefste Ruhe, für eine Ruhe, die so thätig wie die höchste Thätigkeit, würde sich einigermaßen in Begriffen der Natur des Vollkommensten nähern." (Schelling 1802, 175 f.)

Gott, das ist die Einheit des Gegensatzes und der Einheit. Worum es in der Philosophie geht, ist die Idee dessen, „worin alle Gegensätze nicht sowohl vereinigt als vielmehr eins, und nicht sowohl aufgehoben als vielmehr gar nicht getrennt sind."(l. c. 38) Wessen Denken in den Gegensätzen des Verstandes beharrt, möchte einen Gott außerhalb der Natur und eine Natur außerhalb Gottes, beide durch die äußerliche Vorstellung von Ursache und Wirkung verbunden: „Sagt man ihnen aber, daß die Natur nicht außer Gott, sondern in Gott sey, so verstehen sie darunter diese eben durch die Trennung von Gott getödtete Natur, als ob diese überhaupt etwas an sich, oder überhaupt etwas anderes, als ihr selbstgemachtes Geschöpf wäre." (l. c. 179)

Auch andere Cusanische Motive, die freilich nicht nur Cusanisch, sondern allgemeiner neuplatonisch waren, hielt Schelling fest, insbesondere die Überlegenheit der Vernunft über den Verstand. Gewißheiten einer untergeordneten Betrachtungsweise erreichen nicht den Begriff der Wahrheit. Cusanisch, freilich auch allgemein platonisch, war Schellings Überzeugung, daß es unser Ziel sei, die Dinge so zu erkennen, wie sie „in jenem urbildlichen Verstande vorgebildet sind, von dem wir in dem unsrigen die bloßen Abbilder erblicken."

Hegel hat dann mit ausdrücklicher Berufung auf Hamann das Denken Brunos wieder aufgegriffen (Über Hamann's Schriften,

252). Das bedeutete: Restitution der Philosophie der Einheit und die Durchführung der Differenzierung zwischen Vernunft und Verstand. Die Vernunft bringt den Verstand zur Einsicht, daß er es ist, der das Verbot der widersprechenden Sätze der Realität aufprägt: Coincidentia contradictoriorum. Das ist, bei allen Differenzen, ähnlich wie bei Cusanus, den Hegel allem Anschein nach nicht gekannt hat. Bruno hatte die Botschaft überbracht.

Noch zu Lebzeiten Hegels, 1831, hatte die Tübinger katholisch-theologische Fakultät eine Preisfrage ausgeschrieben, die Leben und Werk des Cusanus behandeln sollte. Die Anregung war von Johann Adam Möhler ausgegangen, der an einer Überwindung der bloßen Verstandestheologie interessiert war. Den Preis gewann Franz Anton Scharpff, der zwischen 1843 und 1871 mehrere historisch konzipierte Cusanusbücher und auch eine Übersetzung hat erscheinen lassen. Cusanus wurde „historisch". Der Schleiermacher-Schüler Heinrich Ritter widmete ihm einen großen Abschnitt in seiner *Geschichte der Philosophie* (1850, I 141–219). Auch seine politische und kirchenpolitische Aktivität wurden jetzt untersucht; 1847 erschien die zweibändige Monographie von J. M. Düx, *Der deutsche Cardinal Nicolaus von Cusa und die Kirche seiner Zeit,* Regensburg 1847. Zwischen 1830 und 1870 gab es in Deutschland noch katholische Theologen und Philosophen, die eine Reform der katholischen Theologie mit Hilfe des Cusanus für möglich hielten; nach 1870 war sie ausgeschlossen. Jetzt mehrten sich die Stimmen, die in Cusanus die Zerstörung der Scholastik, ja jeder rationalen Rede von Gott sahen (vgl. Glossner 1891; Jansen 1930 und 1930a; Neuner 1933). Als man nach dem Ersten Weltkrieg in Deutschland aus dem selbstgeschaffenen Ghetto der Katholiken wieder heraus wollte, wandte man sich, zunächst unter heftigem Protest der Neuscholastiker, Cusanus wieder zu. Am Ende der zwanziger Jahre war aus dem neukantianischen Interesse an der Geschichte des Erkenntnisproblems, auch unter dem Einfluß von Aby Warburg, ein umfassendes historisches Interesse an Cusanus entstanden. Der Plan einer Gesamtausgabe, der mit dem Namen von Raymond Klibansky verbunden bleibt, war die Folge. Sie erscheint seit 1932 und ist noch nicht abgeschlossen.

Neue Interessen machten sich geltend. Karl-Heinz Volkmann-Schluck ging davon aus, was Mittelalter und was Neuzeit seien, sei „einigermaßen bekannt“ (1957, XVf.), es müsse nur noch der Übergang untersucht werden, und den fand er bei Cusanus. Für eine solche Untersuchung war Volkmann-Schluck in keiner Weise vorbereitet, weder bezüglich der Philosophie des Mittelalters noch der Renaissance; er behandelte einen ihm bekannten Übergang zwischen zwei ihm Unbekannten. Das Dilettieren in Spekulationen über Epochengrenzen war in den fünfziger Jahren Mode; in abgelegenen intellektuellen Provinzen findet es sich heute noch: Cusanus zwischen Mittelalter und Neuzeit. Bei Volkmann-Schluck (1957) führte das nur zu folgendem Resultat: Cusanus sei der Denker des Unendlichen, bei dem der ontologische Gedanke die ontische Betrachtungsweise der bisherigen Philosophie allmählich überwinde. Dies war eine zu unmittelbare Übertragung Heideggerischer Kategorien auf einen Autor des 15. Jahrhunderts, um überzeugen zu können. (Heidegger selbst hat zu Jean Beaufret über Volkmann-Schluck gesagt: „Er heideggert mir zu sehr“.)

Karl Jaspers (1964) war nicht viel glücklicher. Zwar befreite er seinen Cusanus von den ihm zugeschriebenen Vorläuferrollen. Cusanus gehörte demnach weder dem Katholizismus noch dem Protestantismus noch dem deutschen Idealismus zu; er war ein großer Einzelner, der gescheitert ist. Gescheitert in seiner Kirche, was richtig ist, gescheitert aber auch in seiner Wirkung in der Geschichte des Denkens, womit Jaspers die Legende von der Vergessenheit des Cusanus unterstützte. Groß sei Cusanus als Metaphysiker, der Chiffren der Transzendenz erdachte: Einheit, Konjektur, Freiheit. Aber diese Chiffren stünden in einem beliebigen, also ablösbaren Verhältnis zur Sprache der christlichen Theologie, die Cusanus daneben auch spreche. Cusanus sei zwar ein großer Metaphysiker, wie Plotin und Spinoza, aber er sei kein „Denker“ wie Platon, Augustinus und Kant.

Fast zur selben Zeit, als Jaspers' Cusanusbuch erschien, begünstigten die Probleme des Zweiten Vatikanischen Konzils eine neue Beschäftigung mit Nikolaus von Kues. Vor allem seine Lehre von der Kirche und ihrer Autorität wurde studiert; das Thema des Konziliarismus tauchte wieder auf; in der Frage der religiösen Toleranz schien Cusanus als Vordenker tauglich. Andere versuchten mit Hilfe des Schemas von complicatio – explicatio eine Versöhnung der kirchlichen Glaubenslehre mit dem Entwicklungsgedanken, oft in der Form, in der ihn Teilhard de Chardin vertrat.

Es scheint, als habe sich weder Heidegger noch Wittgenstein, weder Adorno noch Hannah Arendt, weder Foucault noch Lacan je über Cusanus geäußert. Alle genannten haben aber über Augustinus geschrieben und gesprochen; Adorno sagte mehrfach, er wolle einmal eine Augustinus-Vorlesung halten. Dies zeigt eine spezifische Differenz in der Rezeptionssituation unter Philosophen des 20. Jahrhunderts. Ich glaube nicht, daß dies, wie Jaspers nahelegt, eine Frage des philosophischen „Niveaus" ist, daß also Augustin der „größere Denker" wäre. Zwischen Augustin und Cusanus gibt es objektiv-historische, darunter auch literarische Differenzen. Verglichen mit Augustin schreibt Cusanus komplizierter; er nimmt sofort von spekulativen Problemen den Ausgang; er bezieht sich auf eine verwickelte philosophische Situation. Dies gilt jedenfalls für *De docta ignorantia*, ein Buch, an dessen denkerischer Bedeutung nicht zu zweifeln ist, dessen Schwierigkeit aber einer Wirkung entgegensteht, wie sie Augustins *Bekenntnisse* erreichen. Wer *De docta ignorantia* aufschlägt, hat zunächst den Eindruck, er müsse sich der Hilfe eines Spezialisten versichern, während der Leser der *Confessiones* auf die Frage stößt, wie Kinder Sprachen erlernen. Es bedarf einer umständlicheren historisch-gelehrten Vorbereitung, um zu Cusanus zu kommen; wer, wie Jaspers und Volkmann-Schluck, glaubt, sie sich ersparen zu können, geht ein hohes Risiko ein; er schafft abschreckende Beispiele. Ich sehe nur zwei Philosophen, die diesem Dilemma einigermaßen entgangen sind, weil sie beide eine historisch-philologische Arbeitsrichtung zuvor erlernt hatten, nämlich Hans Blumenberg und Hans-Georg Gadamer. Beide sind gute Kenner der Cusanischen Texte; beide sind mit je eigenen philosophischen Vor-Interessen an Cusanus herangetreten; beide haben je andere Seiten an Cusanus aufdecken können.

Im dritten Teil von *Wahrheit und Methode* vollzieht Gadamer die „ontologische Wendung der Hermeneutik am Leitfaden der Sprache". Er sucht zu diesem Zweck Sprachkonzeptionen auf, die ihm entgegenkommen. Er findet im christlichen Motiv der Inkarnation, also der Fleischwerdung des Wortes, ein über den Platonismus hinaustreibendes Motiv. In der Trinitätsspekulation habe das mittelalterliche Denken „die Einheit von Denken und Sprechen" thematisiert: Das göttliche Wort ist ein „Prozeß, in dem sich die Einheit des Gemeinten zum vollendeten Ausdruck bringt". Denn in der Trinitätsspekulation schließe – anders als in der platonischen Dialektik – das Wort auch die Entfaltung, also den Hervorgang aus dem Einen, mit ein. Diese Fassung des Problems der Sprache, insbesondere ihr Charakter als Prozeß – konnte aber, so fährt Gadamer fort, erst voll zur Geltung kommen, nachdem Nikolaus von Kues die Unterscheidung von göttlichem und menschlichem Geist ins Positive gewendet habe: Beide sind nach Cusanus *schöpferisch.* Die Lehre von der Entfaltung sei zwar platonisch-neuplatonischen Ursprungs, aber Cusanus verändere sie dahin, daß sie die Einfaltung im Verbum selbst sehen lehrt. Dadurch werde auch die menschliche Begriffsbildung und deren Ausdruck in der Sprache als Entfaltung des Geistes gedacht, aber so, daß Begriff und Sprache kein bloßer Abfall von der Einheit des Geistes sind. Der menschliche Geist faltet aus und faßt zugleich zusammen. Was bedeutet das für die Sprache? Die Wörter sind die Entfaltung des Geistes, aber sie behalten einen unscharfen Bezug auf das „natürliche Wort", das die Wesen bezeichnet, sich auf die Forma der Dinge bezieht und in allen konventionellen Wörtern und ihrer Vielfalt widerleuchtet. Dies bezieht sich auf die Vokabel-Theorie in *De mente* 2, die oben (Kapitel IV 6) kurz behandelt worden ist.

Gadamer beschreibt die Erkenntnislehre und Sprachtheorie des Cusanus als ein Sichkreuzen platonischer und nominalistischer Motive. Platonisch sei der Rückbezug der Wörter- und Sprachenvielfalt auf die Wesensgestalt der Dinge; nominalistisch inspiriert sei die Herausarbeitung der Selbständigkeit, mit der unser Verstand die Ordnung der Welt erst macht. Die Sachen haben Wesensformen, aber deren Ordnung ist nicht einfach vorgegeben, sondern wird in unserer Begriffs- und Sprachbildung in immer ungenauer Annäherung anvisiert. Dadurch aber bekommen die Abweichungen, die individuellen wie die sprachlich-kulturellen, einen neuen objektiven Wert. Es handelt sich dabei um „Variationen der Sachanschauung". Cusanus ist weit weg vom Relativismus, aber er kann die Begriffs- und Sprachvielfalt als „prismatische Brechung" der einen Wahrheit denken (vgl. Gadamer: Wahrheit und Methode, 3. Teil, in: Gesammelte Werke, I 432–444; ferner: II 298, 384 und 502 f., IV 53–59 und 297–305; sowie Gadamer 1975).

Der wichtigste sachliche Ertrag, den Gadamer der Cusanischen Philosophie glaubt entnehmen zu können, ist die „ontologische

Grundverfassung, wonach Sein Sprache, d.h. Sichdarstellen ist." (Gesammelte Werke, I 490) Dies kennen wir, argumentiert Gadamer, vom Kunstwerk her, dessen wahres Sein in seinem Sichdarstellen besteht. Aber diese Erfahrung soll in einem universalen Sinn gelten: Sprache und das Verstehen von Sprache erweise sich als „universelles Modell von Sein und Erkenntnis überhaupt" (l. c. I 493). Gadamer orientiert sich an Cusanus, nicht um zu seiner spekulativen Metaphysik, wie sie insbesondere in *De beryllo* entwickelt ist, zurückzukehren, sondern um ein Gegengewicht zu der durch Herder und Humboldt bestimmten Fragerichtung der neueren Sprachtheorien zu schaffen und um dadurch die Sprachlichkeit der menschlichen Welterfahrung zu zeigen. Darin liegt vor allem, daß es keinen Sinn hat, sich gegenüber sprachlichen Weltansichten auf die „Welt an sich" zu berufen. Wenn Gadamer sagt, Sein sei sprachliches Sichzeigen, dann entspricht dies formal dem Weltgrund, der sich ausspricht bei Cusanus, aber es ist klar, daß dies bei Gadamer als Anzeige der Endlichkeit der menschlichen Weltansichten einschließlich ihrer Übersetzbarkeit, nicht als Rückkehr des metaphysischen Idealismus gedacht ist.

In der Sprache stellt sich uns die Welt selbst dar; diese hermeneutische Erfahrung sieht Gadamer formal vorweggenommen in der Philosophie des Cusanus, wonach die Welt das Sichdarstellen des absoluten Begriffs in kontrakten Begriffen (das heißt: realen Wesenheiten) und ihrer sinnlichen Zeichen ist. Ich kann nicht sehen, worin sich diese Art der Transposition älterer Theoreme in einen gegenwärtigen Zusammenhang von den Anachronismen unterscheidet, die Gadamer am neukantianischen Interesse für Cusanus als einem Begründer der modernen Wissenschaft kritisiert. Denn daß Cusanus nicht genau *seine* wissenschaftstheoretischen Interessen hatte, das wußte Hermann Cohen auch.

Auch die Beschreibung der Cusanischen Denkweise bei Gadamer befriedigt nicht ganz. Zwar hebt er zu Recht hervor, Cusanus habe das Sein vor allem als Können, nicht als reine Anwesenheit gedacht. Der menschliche Geist sei die Fähigkeit, in allem Seienden „das gleiche Sich-ins-Sein halten, das Können ist" zu sehen. Dies entspricht einer genauen Lektüre von *De beryllo.* Aber an anderen Stellen scheint mir Gadamer das genuin philosophische Interesse und den ars generalis-Charakter des Cusanischen Denkens zu wenig zu beachten. Er findet einen Gegensatz zwischen

Naturinteresse und theologischem Interesse, den es bei Cusanus nicht gibt, wenn er sagt, Cusanus habe nicht um der Erkenntnis der Natur willen, sondern um der Erkenntnis Gottes willen über Erkennen nachgedacht (Gesammelte Werke, IV 298). Gadamer, neben Heidegger der Vater der Epochen-Spekulationen von Volkmann-Schluck, sieht in der Koinzidenz einseitig die dialektische Zuspitzung der negativen Theologie. Das war sie *auch*. Aber sie war nicht nur der „Zusammenfall aller Gegensätze im ununterschieden-einigen Einen" (l. c. IV 300). Sie betraf das Universum, und sie betraf das menschliche Denken als die Einheit von Ruhe und Bewegung; sie war auch ein *Verfahren.* Die Kosmologie des zweiten Buches von *De docta ignorantia*, dann *De coniecturis* und vor allem *De beryllo* zeigen den *universalen* Anspruch der Koinzidenz, dem Gadamer in seiner 1968 erschienenen Blumenberg-Rezension, sich selbst sanft korrigierend, Rechnung trägt, indem er hervorhebt, complicatio und explicatio seien ein „universal gedachtes Begriffspaar" (Gesammelte Werke, IV 59). Ansonsten bleibt das Bild Gadamers von Cusanus zu sehr bestimmt durch das erste Buch von *De docta ignorantia* und einige Kapitel von *De mente*. Seine Skizzen der Forschungsgeschichte beginnen regelmäßig bei Cohen, Natorp und Cassirer; sie übersehen regelmäßig das Cusanus-Interesse der katholischen Tübinger Schule und vor allem das wichtige Buch von Francesco Fiorentino, *Il risorgimento filosofico nel Quattrocento*, Neapel 1885. Es war nicht der Neukantianismus, der die ersten philosophischen Fragen an Cusanus gestellt hat, gerade auf dem Feld der Metaphysik, nicht nur der Erkenntnistheorie, sondern es waren nachweislich Varianten der Hegelschen Anregungen, die am Anfang der neueren Cusanus-Studien standen, gerade auch der philosophisch vertieften. Fiorentino, dessen unvollendetes Werk vielleicht das beste philosophische Buch ist, das je über Cusanus geschrieben worden ist, sah in der Philosophie der Inkarnation bei Cusanus das Unterscheidende; er sah seinen Zusammenhang und die Differenz zu Eriugena und Eckhart; schließlich war er der erste, der Studien zur Entwicklung der Cusanischen Philosophie vorgelegt hat, von denen Cassirer schon 1906 zu profitieren verstanden hat.

Ich kann die Vielzahl philosophischer Interpretationen des Cusanus hier nicht charakterisieren und bewerten; ein solcher Literaturbericht würde ein eigenes Buch erfordern. Ich kann aber selbst einen fragmentarischen Überblick über die Wirkungsgeschichte nicht schließen, ohne darauf hinzuweisen, daß die Fragen der theoretischen Physik, der Ökologie und der Philosophie des Lebens sich heute deutlich auswirken auf das Interesse an Cusanus. Er habe einen lebendigen, keinen mechanistischen Kosmos zu denken gelehrt; er habe einen konkreten Begriff von Ganzheit und von Leben gehabt, an dem sich eine Neubesinnung auf die Natur orientieren könne. Und zwar in dem Sinne, daß der Mensch nicht der Natur gegenübersteht, sondern daß die Natur oder das Universum *im* Menschen *ist*. Die Cusanische Philosophie der Einheit soll herausführen aus der „modernen" Entgegensetzung von Mensch und Natur; nicht mehr Herrschaft über die Natur, die dem Menschen unterworfen gedacht war, sondern die Entfaltung der einen Realität als der wirklichen Natur in Menschen, Tieren und Pflanzen. Dieser neue Ansatz verbindet sich mit dem Namen von Klaus Michael Meyer-Abich, dessen Buch *Praktische Naturphilosophie. Erinnerung an einen vergessenen Traum*, München 1997, einen großen Abschnitt über Nikolaus von Kues enthält. Dieses Buch bedeutet eine naturphilosophische Aktualisierung von Motiven des Cusanus. Auch Theoretiker der Biologie arbeiten mit dem Blick auf Cusanus auf diesem Feld, insbesondere der philosophierende Biologe Alfred Gierer ([2]1991 und 1999). Dies zeigt, daß manche Schrift des Cusanus, wie wir es bei Klassikern gewohnt sind, auf neue Fragen auch neue Antworten gibt.

Literaturverzeichnis

I. Werke

Gesamtausgaben

Nicolai de Cusa, Opera omnia, iussu et auctoritate Academiae Litterarum Heidelbergensis ad codicum fidem edita, Leipzig – Hamburg 1932ff. (abgekürzt: h)

Nicolai Cusae Opera, Band 1–3, hrsg. von Iacobus Faber Stapulensis, Paris 1514, von mir besorgter Nachdruck: Frankfurt 1962 (abgekürzt: P)

Schriften des Nikolaus von Cues in deutscher Übersetzung, im Auftrag der Heidelberger Akademie der Wissenschaften hrsg. von E. Hoffmann, P. Wilpert, K. Bormann, Leipzig 1936ff.

Acta Cusana. Quellen zur Lebensgeschichte des Nikolaus von Kues, hrsg. von E. Meuthen und H. Hallauer, Hamburg 1976ff.; Band 1 in 3 Lieferungen, die letzte in 2 Teilbänden: 1401 bis März 1452, Hamburg 1976–1996

Cusanus-Texte, hrsg. von der Heidelberger Akademie der Wissenschaften, Heidelberg 1929ff. (abgekürzt: CT):

I. Predigten

1. Dies sanctificatus vom Jahre 1439, hrsg. von E. Hoffmann, R. Klibansky, 1929

2–5. Vier Predigten im Geiste Meister Eckharts, lat.-deutsch, hrsg. von J. Koch, 1937

6. Die Auslegung des Vaterunsers in vier Predigten, lat.-deutsch, hrsg. von J. Koch, H. Teske, 1940

II. Traktate

1. De auctoritate presidendi in concilio generali, hrsg. von G. Kallen, 1935
2. De maioritate auctoritatis sacrorum conciliorum super auctoritatem papae, hrsg. von E. Meuthen, 1977

III. Marginalien

1. L. Baur, Nicolaus Cusanus und Ps.Dionysius im Lichte der Zitate und Randbemerkungen des Cusanus, 1941
2. Proclus Latinus. Die Exzerpte und Randnoten des Nikolaus von Kues zu den lateinischen Übersetzungen der Proclus-Schriften
   2.1. Theologia Platonis – Elementatio theologica, hrsg. von H. G. Senger, 1986
   2.2. Expositio in Parmenidem Platonis, hrsg. von K. Bormann, 1986
3. Raimundus Lullus. Die Exzerpte und Randnoten des Nikolaus von Kues zu den Schriften des Raimundus Lullus, hrsg. von Th. Pindl-Büchel, 1990

IV. Briefe

1. Briefwechsel des Nikolaus von Kues, 1944
2. Das Brixener Briefbuch des Kardinals Nikolaus von Kues, hrsg. von F. Hausmann, 1952
3. Das Vermächtnis des Nikolaus von Kues. Der Brief an Nikolaus Albergati nebst der Predigt in Montoliveto, hrsg. von G. von Bredow, 1955
4. Nikolaus von Kues und der deutsche Orden. Der Briefwechsel des Kardinals Nikolaus von Kues mit dem Hochmeister des deutschen Ordens, hrsg. von E. Maschke, 1956
5. Nikolaus von Kues, Philosophisch-theologische Schriften, hrsg. von L. Gabriel, übersetzt von D. und W. Dupré, 3 Bde., Wien 1964–1967

Einzelne Werke des Cusanus (in chronologischer Folge ihrer Entstehung)

Sermones (ab 1430): h XVI–XIX = Sermones Bd. I–IV

h XVI: Sermones I–XXVI, hrsg. von R. Haubst, M. Bodewig, W. Kremer, H. Pauli, Hamburg 1970–1991

h XVII: Fasc. I–III, Sermones XXVII–LVI, hrsg. von R. Haubst, H. Schnarr, Hamburg 1983–1996

h XVIII: Fasc. I, Sermones CXXII–CXL, hrsg. von R. Haubst, H. Pauli, Hamburg 1995

h XIX: Fasc. I, Sermones CCIV–CCXVI, hrsg. von K. Reinhard, W. A. Euler, Hamburg 1996

De concordantia catholica (1433/34): h XIV, 1–4, hrsg. von G. Kallen, Hamburg 1959–1968

De docta ignorantia I–III (beendet 12. Februar 1440): h I, hrsg. von E. Hoffmann, R. Klibansky, Leipzig 1932; Die belehrte Unwissenheit, lat.-deutsch, hrsg. und übersetzt von P. Wilpert, Hamburg 1964–1977

De coniecturis (um 1442): h III, hrsg. von I. Koch, C. Bormann, I. G. Senger, Hamburg 1972; Mutmaßungen, lat.-deutsch, übersetzt und mit Einführung und Anmerkungen hrsg. von Josef Koch, Hamburg ^{2}1988

Opuscula I (um 1445–1447): h IV: De deo abscondito; De quaerendo deum; De filiatione dei; De dato patris luminum; Coniectura de ultimis diebus; De genesi, hrsg. von P. Wilpert, Hamburg 1959; Drei Schriften vom verborgenen Gott, hrsg. von E. Bohnenstädt, Philosophische Bibliothek Bd. 218, Nachdruck 1967

Mathematische Schriften (1445–1459): De geometricis transmutationibus, De arithmeticis complementis, De circuli quadratura, Quadratura circuli, De mathematicis complementis I–II, De una recti curvique mensura, De caesarea circuli quadratura, De mathematica perfectione, Aurea propositio in mathematicis: P II 2. Hälfte mit eigener Foliozählung, fol. XXXIII r – CXIV v; die dort fehlenden mathematischen Texte in: Ioannes Regiomontanus, De triangulis omnimodis libri quinque, hrsg. von J. Schöner, Nürnberg 1533; Nikolaus von Cues, Die mathematischen Schriften, hrsg. von J. und J. E. Hofmann, Hamburg 1952

Apologia doctae ignorantiae (1449): h II, hrsg. von R. Klibansky, Leipzig 1932

Idiota De Sapientia I–II, De mente, De staticis experimentis (1450): h V 2, hrsg. von R. Steiger, L. Baur, Hamburg 1983; Der Laie über die Weisheit, lat.-deutsch, übersetzt von R. Steiger, Hamburg 1988; Der Laie über den Geist, übersetzt von R. Steiger, mit einer Einleitung von G. Santinello, Hamburg 1995

De pace fidei cum epistola ad Ioannem de Segobia (1453): h VII, hrsg. von R. Klibansky, H. Bascour, Hamburg 1970

De theologicis complementis (1453): P X 2 a = Opuscula II Fasc. 2 a, hrsg. von A. D. Riemann und C. Bormann, Hamburg 1994

De visione dei (1453): J. Hopkins, Nicholas of Cusa's Dialectical Mysticism, Minneapolis ²1988 (lateinisch-englische Ausgabe, nach der zu zitieren ist)

De beryllo (1458): h XI 1, 2. hrsg. von I. G. Senger und C. Bormann, Hamburg 1988; Über den Beryll, übersetzt von K. Bormann, Hamburg ³1987

De principio (1459): h X 2 b = Opuscula II Fasc. 2 b, hrsg. von C. Bormann und A. D. Riemann, Hamburg 1988

De Possest (1460): h XI 2, hrsg. von R. Steiger, Hamburg 1973; Dreiergespräch über das Können-Ist, lat.-deutsch, hrsg. von R. Steiger, Hamburg ³1991

Cribratio Alkorani (1460/61): h VIII, hrsg. von L. Hagemann, Hamburg 1986; Sichtung des Korans, deutsch von L. Hagemann und R. Glei, Hamburg 1989–1993

De non aliud (1461/62): h XIII, Directio speculantis seu de non aliud, hrsg. von L. Baur und P. Wilpert, Leipzig 1944; Vom Nichtanderen, deutsch P. Wilpert, Hamburg 1952

De venatione sapientiae (1462/63): h XII, hrsg. von R. Klibansky und I. G. Senger, Hamburg 1981; Die Jagd nach Weisheit, lat.-deutsch, übersetzt von P. Wilpert, Hamburg 1964

De ludo globi (1462/63): h IX, hrsg. von I. G. Senger, Hamburg 1998; Gespräch über das Globusspiel, lat.-deutsch, neu übersetzt von G. von Bredow, Hamburg 1999

Compendium (1463/64): P XI 3, hrsg. von B. Decker und C. Bormann, Hamburg 1964; Compendium, lat.-deutsch, übersetzt und hrsg. von B. Decker und C. Bormann, Hamburg 1970

De apice theoriae (1464): h XII, hrsg. von R. Klibansky und C. Bormann, Hamburg 1982; Die höchste Stufe der Betrachtung, übersetzt von H. G. Senger, Hamburg 1986

II. Werke anderer Autoren

Bruno, Giordano: Dialoghi italiani. Dialoghi metafisici e dialoghi morali, mit Anmerkungen von G. Gentile, hrsg. von G. Aquilecchia, Florenz ³1958 (ND 1985)

Bruno, Giordano: Opera latine conscripta, ed. F. Tocco, Bd. III: Lampas triginta statuarum, Florenz 1891

Dionysius Areopagita: De divinis nominibus, ed. B. R. Suchla, Corpus Dionysiacum I, Berlin 1990; dt. Die Namen Gottes, eingeleitet, übersetzt und mit Anmerkungen versehen von B. R. Suchla, Stuttgart 1988

Gadamer, H.-G.: Gesammelte Werke, Tübingen 1999
Hegel, G. W. F.: Über Hamann's Schriften, in: Sämtliche Werke, Jubiläumsausgabe, hrsg. v. H. Glockner, Bd. XX, Stuttgart 1930
Schelling, F. W. von 1802: Bruno oder über das göttliche und natürliche Princip der Dinge. Ein Gespräch, Berlin
Thomas von Aquino: In metaphysicam Aristotelis commentaria, ed. M.-R. Cathala, Turin 1935

III. Biographien

Koch, J. 1948: Nikolaus von Cues und seine Umwelt, Heidelberg
Meuthen, E. 1958: Die letzten Jahre des Nikolaus von Kues, Köln – Opladen
Meuthen, E. 1964: Nikolaus von Kues. Skizze einer Biographie, Münster 1964 (^{5}1982)
Vansteenberghe, E. 1920: Le Cardinal Nicolas de Cues, Paris (ND: Frankfurt/M. 1963)

IV. Gesamtdarstellungen

Beierwaltes, W. 1980: Identität und Differenz, Frankfurt/Main
Beierwaltes, W. 1985: Denken des Einen. Studien zur neuplatonischen Philosophie und ihrer Wirkungsgeschichte, Frankfurt/Main
Clemens, F. J. 1847: Giordano Bruno und Nicolaus von Cusa, Bonn
De Gandillac, M. 1953: Nikolaus von Cues, Düsseldorf
Falckenberg, R. 1880: Grundzüge der Philosophie des Nikolaus Cusanus mit besonderer Berücksichtigung der Lehre vom Erkennen, Breslau (ND: Frankfurt/Main 1968)
Fiorentino, F. 1885: Il risorgimento filosofico nel Quattrocento, Neapel
Flasch, K. 1973: Die Metaphysik des Einen bei Nikolaus von Kues, Leiden
Flasch, K. 1998: Nikolaus von Kues. Geschichte einer Entwicklung. Vorlesungen zur Einführung in seine Philosophie, Frankfurt/Main
Jacobi, K. 1969: Die Methode der cusanischen Philosophie, München
Jacobi, K. (Hrsg.) 1979: Nikolaus von Kues. Einführung in sein philosophisches Denken, Freiburg
Jaspers, K. 1964: Nikolaus Cusanus, München
Kandler, K.-H. 1995: Nikolaus von Kues. Denker zwischen Mittelalter und Neuzeit, Göttingen
Santinello, G. 1987: Introduzione a Niccolò Cusano, 2. Auflage, Rom – Bari
Stallmach, J. 1989: Ineinsfall der Gegensätze und Weisheit des Nichtwissens. Grundzüge der Philosophie des Nikolaus von Kues, Münster
Übinger, J. 1888: Die Gotteslehre des Nikolaus Cusanus, Münster – Paderborn
Volkmann-Schluck, K.-H. 1957: Nicolaus Cusanus. Die Philosophie im Übergang vom Mittelalter zur Neuzeit, Frankfurt/Main

V. Abhandlungen

Benz, H. 1999: Individualität und Subjektivität. Interpretationstendenzen in der Cusanus-Forschung und das Selbstverständnis des Nikolaus von Kues, Münster

Bianca, C. 1993: Nicolò Cusano e la sua biblioteca, in: E. Canone (Hrsg.), Bibliothecae selectae da Cusano a Leopardi, Florenz, 1–11

Bormann, K. 1999: Der Mensch als zweiter Gott, Trier

Flasch, K. [2]2000: Das philosophische Denken im Mittelalter, Stuttgart

Gadamer, H.-G. 1975: Nikolaus von Kues in der Geschichte des Erkenntnisproblems, MF 11, 275–280

Gierer, A. [2]1991: Die gedachte Natur. Ursprung, Geschichte, Sinn und Grenzen der Naturwissenschaft, München

Haubst, R. 1962: Das Bild des Einen und Dreieinen Gottes in der Welt nach Nikolaus von Kues, Trier

Helander, B. H. 1988: Die visio intellectualis als Erkenntnisweg und -ziel des Nicolaus Cusanus, Upsala

Henke, N. 1969: Der Abbildbegriff in der Erkenntnislehre bei Nikolaus von Kues, Münster

Hirschberger, J. 1975: Das Prinzip der Inkommensurabilität bei Nikolaus von Kues, in: MF 11, 39–61

Hoffmann, E. 1947: Nikolaus von Cues und seine Zeit. Nikolaus von Cues und die deutsche Philosophie. Zwei Vorträge, Heidelberg

Hoffmann, H. W. 1998: Nikolaus von Kues und Proklos, Düsseldorf

Hopkins, J. 1996: Nicholas of Cusa on Wisdom and Knowledge, Minneapolis

Jäger, A. 1861: Der Streit des Cardinals Nikolaus von Cusa mit dem Herzoge Sigmund von Österreich, 2 Bde., Innsbruck

Jansen, B. 1930: Zum Nikolaus-Cusanus-Problem, in: Philosophia perennis. Festgabe für J. Geyser, hrsg. von F.-J. von Rintelen, Bd. I, Regensburg, 267–287

Jansen, B. 1930a: Nicolaus Cusanus Philosophus antinomiarum, in: Gregorianum 11, 380–397

Klibansky, R. 1929: Ein Proklos-Fund und seine Bedeutung, Heidelberg

Koch, J. 1949: Nikolaus von Kues, Über den Ursprung, Heidelberg

Koch, J. 1956: Die ars coniecturalis des Nikolaus von Kues, Köln – Opladen

Marx, J. 1905: Verzeichnis der Handschriften-Sammlung des Hospitals zu Cues, Trier

Nagel, F. 1984: Nicolaus Cusanus und die Entstehung der exakten Wissenschaften, Münster

Neuner, J. 1933: Das Gottesproblem bei Nikolaus von Kues, in: Philosophisches Jahrbuch 46, 331–343

Ritter, J. 1937: Docta ignorantia. Die Theorie des Nichtwissens bei Nikolaus Cusanus, Leipzig

Schwarz, W. 1970: Das Problem der Seinsvermittlung bei Nikolaus von Kues, Leiden

Senger, H. G. 1986: Aristotelismus vs. Platonismus. Zur Konkurrenz von zwei Archetypen der Philosophie im Spätmittelalter, in: Miscellanea Mediaevalia, Bd. 18, Berlin – New York, 53–80

Thomas, M. 1996: Der Teilhabegedanke in den Schriften und Predigten des Nikolaus von Kues (1430–1450), Münster
Vansteenberghe, E. 1915: Autour de la docte ignorance. Une controverse sur la théologie mystique au XV siècle, Münster
Velthoven, Th. van 1977: Gottesschau und menschliche Kreativität, Leiden

VI. Rezeption und Wirkungsgeschichte

Beierwaltes, W. 1973: Absolute Identität. Neuplatonische Implikationen in Schellings ‚Bruno', in: Philosophisches Jahrbuch 80, 242–266
Cassirer, E. 1906: Das Erkenntnisproblem in der Philosophie und Wissenschaft der neueren Zeit, Bd. 1, Berlin
Clemens, F. J. 1849: Giordano Bruno und Nicolaus von Cusa, Bonn
Duhem, P. 1909: Etudes sur Léonard de Vinci, 2. Bd., Paris
Flasch, K. 1980: Nikolaus von Kues und Pico della Mirandola, in: MF 14, 113–120
Garin, E. 1962: Cusano e i Platonici italiani del Quattrocento, in: Nicolò da Cusa. Relazioni tenute al Convegno interuniversitario di Bressanone nel 1960, Florenz, 75–100
Gawlick, G. 1970: Zur Nachwirkung cusanischer Ideen im siebzehnten und achtzehnten Jahrhundert, in: Nicolò Cusano agli inizi del mondo moderno. Atti del Congresso internazionale in occasione del V centenario della morte di N. Cusano, Bressanone 6–10 settembre 1964, Florenz, 225–239
Glossner, M. 1891: Nicolaus von Cues und Marius Nizolius als Vorläufer der neueren Philosophie, Münster
Hirschberger, J. 1978: Die Stellung des Nikolaus von Kues in der Entwicklung der deutschen Philosophie, Wiesbaden
Klibansky, R. 1953: Copernic et Nicolas de Cues, in: Léonard de Vinci et l'expérience scientifique au XVIe siècle, Paris, 225–235
Meier-Oeser, S. 1989: Die Präsenz des Vergessenen. Zur Rezeption der Philosophie des Nicolaus Cusanus vom 15. bis zum 18. Jahrhundert, Münster
Metzke, E. 1961: Nicolaus von Cues und Martin Luther, in: Ders., Coincidentia oppositorum. Gesammelte Studien zur Philosophiegeschichte, hrsg. von K. Gründer, Witten, 205–240
Ritter, H. 1850: Geschichte der neueren Philosophie, Bd. I, Hamburg 1850
Weier, R. 1967: Das Thema vom verborgenen Gott von Nikolaus von Kues zu Martin Luther, Münster

VII. Literaturübersichten

Gawlick, G. 1960/1962: Neue Texte und Deutungen zu Nikolaus von Kues, in: Philosophische Rundschau 8, 171–202 und 10, 90–120
Haubst, R. 1991: Streifzüge in die Cusanische Theologie, Münster, 587–604
Itzbicki, Th. M. 1991: Nicholas of Cusa. The Literature in English through 1982, in: G. Christianson – Th.M. Itzbicki (Hrsg.), Nicholas of Cusa. In Search of God and Wisdom, Leiden, 259–281

Klibansky, R. 1959: Nicolas of Cues, in: Ders. (Hrsg.), Philosophy in the Mid-Century. A Survey, Florenz, 88–94

Mitteilungen und Forschungsbeiträge der Cusanus-Gesellschaft, Bd. 1 (1960) 95–126; Bd. 3 (1963) 223–237; Bd. 6 (1967) 178–202; Bd. 10 (1973) 207–234; Bd. 15 (1982) 121–147

Ritter, J. 1939: Die Stellung des Nicolaus von Cues in der Philosophiegeschichte. Grundsätzliche Probleme der neueren Cusanus-Forschung, in: Blätter für deutsche Philosophie 13, 111–155

Santinello, G. ²1987: Introduzione a Niccolò Cusano, Bari, 191–221

Senger, H. G. 1990: Nikolaus von Cues, in: G. Floistad (Hrsg.), Contemporary Philosophy. A New Survey, Bd. VI 1: Philosophy and Science in the Middle Ages, Den Haag, 563–603

Zeittafel

1401	Nikolaus in Kues an der Mosel geboren.
1416/1417	Studium der artes an der Universität Heidelberg, Via moderna.
1417–1423	Studium des Kirchenrechts in Padua. Freundschaft mit dem späteren Kardinal und Humanistenfreund Giuliano Cesarini, mit dem Arzt und Mathematiker Paolo del Pozzo Toscanelli.
1425	an der Universität Köln. Heymericus de Campo vermittelt ihm die Kenntnis Alberts des Großen und des Dionysius Areopagita. Lullus-Studien. Er entdeckt Plautus-Kommödien und vermittelt antike Texte an die italienischen Humanisten.
1430	Rechtsvertreter Ulrichs von Manderscheid, der das Amt des Trierer Erzbischofs beansprucht. Erste Sermones erhalten.
1432–1437	Als Konziliarist auf dem Konzil zu Basel; er schreibt *De concordantia catholica*.
1437	Übertritt von der Konzilspartei zur päpstlichen Partei.
1437/1438	Reise nach Konstantinopel als Vertreter der Papstpartei, um den oströmischen Kaiser und den Patriarchen zum Konzil von Ferrara-Florenz zu begleiten. Der militärisch bedrohte Osten unterwirft sich vorübergehend dem Westen.
1438–1440	Er entwirft die Theorie der Koinzidenz und verfaßt *De docta ignorantia*.
1438–1448	Legationsreisen im Auftrag des Papstes im Reichsgebiet; Studium Meister Eckharts und Proklos'. Neufassung der Koinzidenzlehre in De coniecturis (um 1442/43).
1448	Der neue Papst, sein Freund, der Humanist Nikolaus V., ernennt ihn in petto zum Kardinal.
1450	Öffentliche Erhebung zum Kardinal und zum Bischof von Brixen. Ein Jahr der Ruhe in Rom und in den Marken. Cusanus schreibt die Idiota-Schriften: *De sapientia I* und *II*, *De mente*, *De staticis experimentis*.
1450–1452	Legationsreise im päpstlichen Auftrag im Reichsgebiet.
1452	Cusanus tritt sein Amt in Brixen an. Widerstand des Herzogs Sigmund von Tirol.
1453	Fall Konstaninopels. Das Problem des Islam und der Vielfalt der Religionen. Fruchtbare Zeit als Schriftsteller: *De pace fidei*; *De visione dei*.
1453–1457	Widerstand gegen seine Reformversuche. Kriegerische Auseinandersetzungen mit Herzog Sigmund, 1456 glaubt Cusanus an Mordversuche, flieht 1457 aus Brixen nach der Burg Buchenstein, schreibt dort *De beryllo*.
1458	Der neue Papst, der Humanist Enea Silvio Picolomini, Pius II., ruft ihn nach Rom.

1460	Versuch, nach Brixen zurückzukehren, scheitert.
1460–1464	In Rom bzw. Orvieto. Entwicklung der Spätphilosophie. Er verzweifelt an der Reformierbarkeit der Kirche, übt aber weiter hohe Ämter aus.
11. 8. 1464	Cusanus stirbt in Todi, bei der Vorbereitung eines Kreuzzugs gegen die Türken.

Bildnachweis

Abb. 1, 2, 3: AKG, Berlin. Abb. 4: Nach Helmut Gestrich: Nikolaus von Kues, Mainz 1990, S. 85.

Personenregister

Sachregister

beck'sche reihe denker Herausgegeben von Otfried Höffe

John Locke, von Rainer Specht (bsr 518)
Niklas Luhmann, von Detlef Horster (bsr 538)
Niccolò Machiavelli, von Wolfgang Kersting (bsr 515)
Karl Marx, von Walter Euchner (bsr 505)
John Stuart Mill, von Peter Rinderle (bsr 557)
Isaac Newton, von Ivo Schneider (bsr 514)
Friedrich Nietzsche, von Volker Gerhardt (bsr 522)
Wilhelm von Ockham, von Jan P. Beckmann (bsr 533)
Willard Van Orman Quine, von Henri Lauener (bsr 503)
Blaise Pascal, von Wilhelm Schmidt-Biggemann (bsr 553)
Charles Sanders Peirce, von Klaus Oehler (bsr 523)
Jean Piaget, von Thomas Kesselring (bsr 512)
Plotin, von Jens Halfwassen (bsr 570)
Karl R. Popper, von Lothar Schäfer (bsr 516)
Karl Rahner, von Albert Raffelt/ Hansjürgen Verweyen (bsr 541)
John Rawls, von Thomas W. Pogge (bsr 525)
Jean-Jacques Rousseau, von Dieter Sturma (bsr 549)
Jean-Paul Sartre, von Peter Kampits (bsr 567)
Max Scheler, von Wolfhart Henckmann (bsr 543)
F. W. J. Schelling, von Hans Michael Baumgartner/Harald Korten (bsr 536)
Friedrich Schleiermacher, von Hermann Fischer (bsr 563)
Arthur Schopenhauer, von Klaus-Jürgen Grün (bsr 559)
Sokrates, von Günter Figal (bsr 530)
Adam Smith, von Karl Graf Ballestrem (bsr 561)
Baruch de Spinoza, von Wolfgang Bartuschat (bsr 537)
Paul Tillich, von Werner Schüßler (bsr 540)
Vorsokratiker, von Christof Rapp (bsr 539)
Max Weber, von Gregor Schöllgen (bsr 544)
Alfred North Whitehead, von Michael Hampe (bsr 547)
Ludwig Wittgenstein, von Wilhelm Vossenkuhl (bsr 532)